Jean-Paul Munsch

Verantwortung übernehmen und Orientierung schaffen
Jetzt die Schule der Zukunft gestalten

Literareon

Für die Unterstützung des Buchprojekts danke ich der
Gofen Stiftung herzlich.

Bibliografische Information der Deutschen Nationalbibliothek:
Die Deutsche Nationalbibliothek verzeichnet diese Publikation
in der Deutschen Nationalbibliografie.
Detaillierte bibliografische Daten sind im Internet über
http://dnb.d-nb.de abrufbar.

Das Werk ist urheberrechtlich geschützt. Sämtliche, auch
auszugsweise Verwertungen bleiben vorbehalten.

Lektorat: Villö Huszai
Korrektorat: Karin Schneuwly, text-praxis.ch

© 2021 Jean-Paul Munsch

Coverabbildung: victoria – stock.adobe.com

Printed in EU
Literareon im utzverlag
Tel. 089 – 30 77 96 93 | www.literareon.de

ISBN 978-3-8316-2254-2

Im Gedenken an
Jesper Juul
18. April 1948–25. Juli 2019

Inhalt

Prolog ... 11

Teil 1:
Orientierung für verantwortungsvolle Menschen ... 17
1. Der Ruf nach Verantwortung ... 18
2. Die Ablehnung des Rufs ... 20
3. Der Schatten der Freiheit ... 24
4. Konfrontation mit der Verantwortung ... 26
5. Transformation des inneren Selbst ... 36
6. In der Verantwortung angekommen ... 41

Teil 2:
Anleitungen für eine Schule der Verantwortung ... 43
0. Orientierung: Die Situation der Schule ... 44
1. Der Sinn der Schule ... 47
2. Entwicklungsaufgaben ... 56
3. Glaubenssätze und eine gemeinsame pädagogische Grundlage ... 62
4. Entscheidungen treffen ... 69
5. Verantwortungsvolle Führung ... 73
6. Rückmeldungen geben und nehmen ... 84
7. Kooperation und Selbstorganisation ermöglichen ... 91
8. Konflikte austragen ... 96
9. Ernten ... 99

Epilog ... 100

Dank an meine Inspirationsquellen ... 101

„Ich glaube, man muss für sich entscheiden, welche Art von Zukunft man für die Menschheit will, und von dort ausgehend dann weiterarbeiten."
Richard Rorty

„Trotz aller Ähnlichkeiten hat jede lebendige Situation, wie ein neugeborenes Kind, auch ein neues Gesicht, das es noch nie zuvor gegeben hat und das auch nie mehr wiederkehren wird. Die neue Situation erwartet von dir eine Antwort, die nicht im Vorhinein vorbereitet werden kann. Sie erwartet nichts aus der Vergangenheit. Sie erwartet Präsenz, Verantwortung; sie erwartet – dich."
Martin Buber

„In zwanzig Jahren wirst Du mehr enttäuscht sein über die Dinge, die Du nicht getan hast, als über die Dinge, die Du getan hast. Also wirf die Leinen los. Verlasse den sicheren Hafen. Lass den Passatwind in Deine Segel wehen. Erforsche. Träume. Entdecke."
Mark Twain

Prolog

Die Temperaturen sind um den Gefrierpunkt. Ich bin in den Schweizer Alpen. Es ist morgens um vier und es ist still. Mein Thema hier ist die Verantwortung. Und meine Frage ist, wie es uns gelingt, dass wir Menschen individuell, in Gruppen und Teams und auch als Führungsperson die Verantwortung übernehmen können: Die Verantwortung für unser Denken, Handeln und Fühlen. Doch was meine ich mit Verantwortung? Alles beginnt damit, sich selber ernst zu nehmen.

So liegt der Fokus auf der Wahrnehmung. Was können Sie bewusst wahrnehmen? Können Sie Ihr Herz spüren? Was machen Ihre Gedanken? Können Sie sich als Ganzes wahrnehmen? Mitsamt Ihrem Körper?

Ihr Bewusstsein wird sich während der Lektüre laufend verändern. Inspirationsangebote setzen sich in Ihrem Denken fest, tauchen auf und verschwinden wieder. Einige von ihnen werden Sie als anregend empfinden, mit Freude reagieren, anderen gegenüber werden Sie sich gleichgültig verhalten, Widerstand aufbauen. Auch Irritationen können die Lektüre begleiten. Das alles wahrzunehmen, hilft bei der Übernahme von Verantwortung.

Der Verantwortung kommt in unserer Zeit mehr und mehr Verantwortung zu. Sie ist gleichsam ein Ruf, sich aus den Rollen von Täter und Opfer, die wir alle kennen, herauszubewegen. Jeder und jede ist heute aufgefordert, Verantwortung zu übernehmen und sich aus dem Schema „Täter-Opfer-Retter" zu verabschieden.

Nach den erschreckenden Ereignissen des 20. Jahrhunderts wurde lange und viel darüber geforscht, wie es dazu kommen konnte, dass Menschen Böses tun und zu Tätern werden. Die Philosophin Hannah Arendt hatte schon früh die berühmte Formel der „Banalität des Bösen" geprägt. Und gemeint hatte sie damit, dass destruktive Taten – trotz Handlungs- und Willensfreiheit – geschehen, weil diese Taten in Systeme und Situationen eingebunden sind, und damit wie selbstverständlich erscheinen. Im Kern sind es immer Menschen, die diese Taten zulassen. Und es ist letztlich Verantwortung, die abgeschoben wird, wenn nicht darüber nachgedacht und lediglich Anweisungen und auch Gesetze befolgt werden.

Wir wissen heute, wie wichtig die einzelne Situation und die Systeme sind, die Einfluss auf unsere Entscheidungen nehmen. Jetzt ist es an der Zeit, den Fokus darauf zu richten, was uns hilft, in Situationen und Systemen Verantwortung zu übernehmen – uns selber ernst zu nehmen, zu unseren Werten und Überzeugungen zu stehen und für sie einzustehen.

Verantwortung übernehmen kann gelernt werden. So wie man eine Reise vorbereitet, so kann man sich auch auf die Übernahme von Verantwortung vorbereiten. Übernahme von Verantwortung ist tatsächlich eine Art Reise. Und davon handelt dieses Buch: Wie sich jeder und jede einzeln und wie wir uns gemeinsam auf die Übernahme von Verantwortung vorbereiten können.

Diese Reise, mag sie noch so klein oder auch gross sein, durchläuft bestimmte Stationen[1], die in diesem kleinen Gedicht gleichsam vorweggenommen werden:

Ich brauche Mut, mich nicht zurückzuziehen.
Ich stosse auf Widerstand.
Darf ich das?
Ist das nicht egoistisch?
„Ist ja nicht so wichtig ..."

Aber kenne ich meine Bedürfnisse?
Ich lausche dem Ruf nach Verantwortung.
Das Gefühl, mich selber ernst zu nehmen.
Die Herausforderungen sind immer da.
Für mich.

---

[1] Die Stationen und die folgenden Kapitel lehnen sich an die Struktur der Heldenreise von Campbells Werk „Der Heros in tausend Gestalten" an.

Ich werde konfrontiert, mit Unangenehmem;
mit mir selber; mit meinen Schatten.
Die Reise ist schmerzhaft und lehrreich.
Die Wandlung ist im Gang.
Aber,

immer wieder scheine ich umzukippen.
So gerne wäre ich wieder ein Opfer!
Den Kränkungen nachgeben
und es dann anderen mal richtig zurückgeben.
Doch,

ich reife und kann zurückkehren.
Mit mir in der Verantwortung.
In mein Leben, das schon immer meines war.
Die Früchte meiner Erfahrung,
meiner „Heldenreise" in die Welt tragen.
Immer wieder.

Diesen Paradigmenwechsel hin zur bewussten Verantwortungsübernahme fassen die beiden Psychologen Zeno Franco und Philipp Zimbardo in der Formel „Banalität des Heroismus" zusammen. Und sie weisen darauf hin, dass wir uns auf die Verantwortungsübernahme vorbereiten können, und dass es um die Erforschung dieses Heroismus gehe. Dieser neue Heroismus ist eine menschliche Heldenreise in die Verantwortungsübernahme, zu der wir alle aufgerufen sind.

Heroisch ist Verantwortungsübernahme nicht darum, weil es dazu heldenhaftes Verhalten bräuchte im Sinne eigener Grossartigkeit. „Heroisch" ist hier vielmehr in den Kontext alltäglicher Entscheidungen gestellt. Entscheidungen, die wir treffen, um uns für das eine oder das andere zu entscheiden: für Intervention oder für Passivität, für Einstehen der eigenen Werte oder für Anpassung an die Gruppenmeinung, für achtsamen Kontakt und Verbindung oder für geschummelte Kontaktvermeidung.

Vorbereiten kann man sich deswegen auf Verantwortungsübernahme, weil im Laufe unseres Lebens unser Bewusstsein für Verantwortung wächst. Mit jeder Erfahrung, die wir machen, kann es zunehmen, manchmal kaum merkbar, manchmal in Sprüngen sich ereignend. Das Leben selber und kritische Lebensereignisse tragen dazu bei, dass wir uns zunehmend gewahr werden: Wir sind für unser Fühlen, unser Denken und unser Handeln verantwortlich.

Diese Erkenntnis und diese Erfahrung können wir weitergeben. Sei es als Eltern, als Führungsperson oder als Mensch, der in Beziehungen steht, denn es geht immer wieder darum, zu klären: Wer ist wofür und wem gegenüber verantwortlich? Es geht darum, zu untersuchen, ob zu viel oder zu wenig Verantwortung übernommen wird; es geht darum, herauszufinden, wie die Führungsverantwortung gestaltet werden kann, damit andere gut lernen können, für sich Verantwortung zu übernehmen.

Natürlich können Gefühle und auch Tugenden wie Verantwortung missbraucht und kollektiv vergiftet werden, wie es beispielsweise in der NS-Diktatur in Deutschland geschah. Der Missbrauch von Verantwortung kann als Übernahme von Verantwortung daherkommen, als „Banalität" des Tuns, als Pflichtbewusstsein, als Ausführen von aufgetragenen Aufgaben. Hannah Arendt hat darauf hingewiesen. Sind Sie trotzdem immer noch neugierig? Fühlen Sie sich wohl mit Ambiguität? Sind Sie bereit, etwas zu erkunden, was Sie vorher nicht wussten? Sind Sie neugierig auf sich selber? Wie fühlt es sich an, wenn Sie zu viel Verantwortung übernehmen? Ich fühle mich beklemmt. Ich atme kurz. Ich bekomme Angst, dass es nicht läuft. Ich beginne zu schwitzen.

Für sich selber Verantwortung zu übernehmen heisst, seine Gefühle, seine Körperempfindungen, seine Gedanken und Intuitionen ernst zu nehmen. Und gleichzeitig freundlich und liebevoll mit uns und unserer Mitwelt umzugehen. Das können wir immer tun. In jedem Moment. Und dann kann ich entscheiden, ob ich den Ruf nach Verantwortung loslasse oder ob ich weiterverfolge, ob er mir wichtig ist und ich ihn gestalten und umsetzen will.

In dieser Unterscheidung geht es auch darum, sich selber und andere als Individuen ernst zu nehmen. „Auf mich kommt es an!" lautet die Losung. Nicht im egozentrisch-nutzenorientierten Sinne, sondern im Dienste der Selbstentwicklung, die einen Prozess verantwortungsvoll gestalten will. Neugier auf sich selbst, Interesse und Zutrauen sind dafür unabdingbar. Erkenntnisse, das Zusammenhängen des Gemeinsamen und die Liebe zur Handlung begegnen sich zur produktiven Entfaltung. Ich frage mich, worum es in meinem Leben geht, welche Aufgaben anstehen und welchem (Seelen-)Plan ich folge. Da gibt es Vieles zu entdecken!

Nicht immer gelingt es, dem verantwortungsvollen Teil in uns Raum zu geben. Manchmal meldet sich das selbstbezogene Ich, das Ego, und übernimmt die Führung. Es ist gut, wahrzunehmen, wenn das Ego die Kontrolle übernimmt. Ich nehme es bewusst wahr und kann es dann meist früher oder später wieder loslassen. Vielleicht kann ich die Funktion des Egos auch würdigen und seine bewahrende Funktion anerkennen: Das Ego wirkt auch stabilisierend! Es ist gleichwohl kein angenehmes Gefühl. Ich erkenne es an mir, wenn ich in Hassgefühle oder Rachegedanken hineingehe und diesem Teil von mir Nahrung gebe. Da wird ein sehr alter Teil von mir aktiviert, der vielleicht einmal Schutz brauchte? Ich weiss es nicht. Ich weiss nur, dass ich ihn nicht mehr will und immer weniger brauche.

Die Struktur des Buches orientiert sich an den Stationen der „Heldenreise", wie sie von Joseph Campbell entworfen wurde. Es ist eine universelle Struktur, wie sie aus der Literatur, dem Theater und dem Film bekannt ist. Die Reisemetapher gibt an, dass wir in der Zeit unterwegs sind und dass unser Leben ein Anfang und ein Ende hat:

Die Reise beginnt mit dem Ruf nach dem Sinn. In diesem ersten Kapitel gibt es Antworten auf diese Fragen: Was ist der Sinn für ein Ruf? Welche Dringlichkeit und Wichtigkeit hat er für uns Menschen? – Das zweite Kapitel beschäftigt sich mit der Weigerung und der Ablehnung des Rufs. Der Ruf steht auf dem Prüfstand und es braucht Antworten auf die Frage: Welche inneren und äusseren Widerstände halten mich zurück? An welchen Glaubenssätzen halte ich fest?

Im dritten Kapitel wird die Schwelle überschritten und wir verlassen die Komfortzone. Wir betreten unbekanntes Gebiet. Es gibt kein Zurück, denn wir haben uns entschieden. Es geht darum, die beunruhigenden Reaktionen des Verstandes lesen zu können. An welchen Mut und welche Weisheit können wir anknüpfen, ohne bewusst zu wissen? Wir sind mit der Freiheit und den Herausforderungen der Freiheit konfrontiert. Welche Anteile unserer Existenz sind für uns schwierig anzunehmen? Was lehnen wir ab? Nicht das Bekämpfen steht dabei im Vordergrund, sondern das liebevolle Annehmen von Eigenschaften, die auch Teil von uns sind, auch wenn es schwierig ist, diese anzunehmen.

In Kapitel vier geht die Reise weiter mit der Transformation des Selbst: Die Verantwortung kann übernommen werden, alte Muster können verlassen und neue erlernt werden. Lernen und Wachsen gehören zu dieser Abenteuerreise. Welche Intelligenz geht über das Ich und den Intellekt hinaus? Das ist die Frage, die in diesem Kapitel beantwortet wird. Es geht hier um das Kultivieren des Menschseins. Die inneren Qualitäten zu pflegen und mit dem äusseren Spiel in Einklang zu bringen.

Im fünften Kapitel ist die letzte Station der Reise abgebildet. Dazu gehören der erfolgreiche Abschluss von Herausforderungen, von Prüfungen und die Verarbeitung von Rückschlägen und Misserfolgen. Welche Frucht kann geerntet werden? Welches Elixier ist der Lohn der Mühsal? Wie kann das Erreichte integriert, umgesetzt und stabilisiert werden? Flexibilität und Ruhe braucht es nun, um die kommenden Arbeiten gelassen angehen zu können.

Der zweite Teil fokussiert auf Elemente und die Organisation einer Schule der Verantwortung. Er enthält Anregungen für einen sinnorientierten Schulentwicklungsprozess und auch Anregungen für Führungskräfte im nicht-schulischen Bereich.

Es dämmert. Der Tag bricht an. Draussen ist es noch feucht. Die Reise kann beginnen.

Teil 1:
Orientierung für verantwortungsvolle Menschen

1 Der Ruf nach Verantwortung

Ich muss etwa vier Jahre alt gewesen sein, als ich meinen ersten klaren Gedanken fassen konnte. Im Angesicht der – zugegebenermassen kleinen – Welt, wie ich sie bis jetzt erfahren hatte, dachte ich: „So habe ich mir das hier auf der Welt nicht vorgestellt. Da muss es noch etwas anderes geben." Ich wunderte mich, wie die Menschen miteinander umgehen, dass sie einander verletzen und dass sie die Erde zerstören. Ich staunte aber auch über die belanglosen Gespräche, die sie miteinander führten. Natürlich war ich ein introvertiertes Kind (und bin heute noch introvertiert), redete wenig und beobachtete viel. Nach weiteren, auch traumatischen Erfahrungen mit Gruppen wurde mir immer mehr klar, dass es für mich gilt, in einem ersten Schritt den Dingen auf den Grund zu gehen und in einem zweiten Schritt mich damit auseinanderzusetzen, wie der Umgang der Menschen untereinander gestaltet werden müsste, damit in einem sicheren Rahmen neue Erfahrungen gemacht werden können, die es ermöglichen, von der Oberfläche wegzukommen und Tiefe zuzulassen. Das hat dazu geführt, dass ich Philosophie und Beratungswissenschaften studierte und mich zum Therapeuten ausbilden liess, um heute Menschen, Gruppen und Teams und ganze Organisationen dabei zu unterstützen, ihren eigenen, sinnvollen Weg zu finden und Strukturen zu schaffen, die einladend und auch verbindlich aufzeigen, wie dieser Weg gegangen werden kann.

Bei Viktor Frankl kann man nachlesen, dass das Leiden unserer Zeit ein Leiden an der Sinnlosigkeit ist. Er folgert daraus, dass es die Aufgabe der Menschen ist, diesen Sinn zu finden. Der Sinn scheint uns nicht einfach so gegeben zu sein.

In meiner Arbeit stelle ich immer wieder fest, dass es den Menschen leicht fällt, etwas darüber zu sagen, was der Sinn ihrer Arbeit ist. Ich glaube, dass wir im 21. Jahrhundert eher darunter leiden, dass wir angesichts der Komplexität der Welt und der bestehenden Eigentums- und Machtverhältnisse in der Welt dazu neigen:
→ den Ruf nach Verantwortung nicht zu hören und
→ dem Ruf nicht zu folgen, sprich: uns selbst ernst zu nehmen.

Daran leiden wir. Das heisst: Wir sind geboren, dem Ruf nach Verantwortung zu folgen und Verantwortung zu übernehmen. Zunehmend. Primär für uns selber, nicht oder weniger für andere, zum Wohle von allen. Haben Sie den Ruf nach Verantwortung schon vernommen?

Verantwortung ist für mich ein Schlüsselbegriff, in dem vieles von dem zusammenläuft, was für mich wichtig ist: Menschen zu begleiten und zu unterstützen, indem ich sie inspiriere und ihnen Anregungen gebe, damit sie sich selber ernst nehmen können. Sich ernst nehmen auf ihrer Lebensreise, die immer auch eine Heldenreise ist. Eine Heldenreise mit Aufgaben, Prüfungen und Herausforderungen, die bereitstehen und an denen wir wachsen können.

Diese Übernahme von Verantwortung erleben wir beim Lieben, beim Sein, beim Arbeiten. Wir verbringen sehr viel Lebenszeit mit Arbeiten. Da lohnt es sich, nachzufragen und zu verstehen: Ja, und warum arbeiten wir überhaupt? Aus neuropsychologischer Perspektive sehen wir, dass wir arbeiten, weil wir bei der Arbeit
- → Schaffensfreude
- → Kreativität
- → Anerkennung (das kann auch monetäre Anerkennung sein)
- → Wertschätzung
- → Quellen der sozialen Verbundenheit
- → Halt, Struktur und Rhythmisierung
- → Möglichkeiten der Fürsorge
- → Identität- und Sinnstiftung
- → Zufriedenheit
- → Entwicklungs- und Wachstumsmöglichkeiten

erleben und bekommen.

2 Die Ablehnung des Rufs

Mit der Wahrnehmung des ganz persönlichen Rufs nach Verantwortung steigen immer wieder auch Zweifel auf. Ist es das wirklich? Kann das wahr sein? Es melden sich Stimmen, die vom Weckruf ablenken ...

In diesem Kapitel geht es um die Ablehnung eines Rufs, die Widerstände, die wir spüren, wenn es darum geht, dem Ruf nach Übernahme von Verantwortung zu folgen. Und es geht vor allem um die Paradoxie des Lernens: dass Widerstände und Ablehnung überwunden werden, indem man Tempo raus nimmt, mit sich in Kontakt kommt und dann vielleicht sogar ganz stoppt. Wo waren wir stehengeblieben? Die Sonne scheint auf Wiesen und Wälder. Pausen sind wichtig. Wir lernen den Bezug zur Natur grad neu. Konzentration ist wichtig und dazwischen braucht es Dezentrierung, damit wir wieder weiterkommen und mit frischem Geist und offenem Herz lernen können.

Widerstände und Glaubenssätze

Es nützt nichts, den Menschen zu sagen, sie sollen mutig sein, wenn es ihre Glaubenssätze sind, die sie daran hindern, mutig zu sein. Die Menschen haben meist gute Gründe, wieso sie dem Ruf nicht folgen. Manchmal sind es aber einfach auch nur Entschuldigungen, etwas nicht zu tun. Entschuldigungen, hinter denen aber eine handfeste, wenn vielleicht auch unbewusste Entscheidung steht, etwas nicht zu tun. Entschuldigungen können aus der Opferhaltung heraus entstehen, sie können Ängste kaschieren oder ein Symptom alter Glaubenssätze sein. Und manchmal sind Entschuldigungen einfach nur Entschuldigungen, wie in diesem klassischen Beispiel aus der Literatur oder dem Film: Der alternde Kommissar, der seinen letzten Fall zuerst nicht annehmen will. Es ist das, was wir nicht tun, weil wir denken, dass wir dafür keine Zeit haben. Es ist das, was immer wieder mal hochkommt, wenn wir uns am falschen Ort wähnen ... Was ist wichtig im Leben? Was ist meine Aufgabe hier auf der Welt? Was gilt es zu lernen?

Noch mehr Widerstände im Drama-Dreieck Täter-Opfer-Retter

Wir alle kennen uns selber in der Rolle als Opfer. Wir kennen auch die Rolle des Täters. Und auch die Rolle des Retters, die uns dann so hilfreich und edel erscheinen lässt – bevor wir schnell zum Täter gemacht werden und uns selber als Opfer gebärden können: „Ich wollte ja nur helfen!" Wenn wir diese Rollen bewusst verlassen, können wir „in die Verantwortung kommen". Dies fühlt sich zu Beginn meist ungewohnt an, wie eine neue Jacke, die noch nicht eingetragen ist; noch nicht ganz passend. Die Rolle der Verantwortung können wir dann einüben, indem wir den Kontakt zu uns selber herstellen, uns damit zunächst ins Feld des Nicht-Wissens bewegend. Um auszuhalten, dass sich das Neue nicht sofort zeigt, dass es einem anfangs auch immer wieder mal wegrutscht. Um aufzuhören, die Rollen im Drama-Dreieck zu spielen und wie eine Sucht für unsere alten Muster zu missbrauchen. Da tauchen sie wieder auf, die bekannten Attraktoren, dumpfe Anziehungskräfte, Erinnerungen und Sinneseindrücke, die als Auslöser für mitunter heftige Reaktionen dienen: die alten Trigger.

Auch für deine Trigger bist Du verantwortlich

Wenn ich dich triggere, wenn die Welt dich triggert und wenn du dich selber triggerst: Dann ist das deine Verantwortung – allein.

Da ist niemand anders, der für deine Trigger Verantwortung übernehmen kann als du selbst. Es kann eine dankbare Aufgabe sein, Verantwortung für all seine Trigger zu übernehmen. Die Energie, die dich zuvor getriggert hat, wird immer noch auftauchen, aber du reagierst von einem selbstgewählten, einem hart erkämpften Ort aus – mit Klarheit, Weisheit und Mitgefühl.

Sei dir des Schmerzes, den jeder Trigger in sich trägt, bewusst und verbinde ihn mit dem Wunsch, dich selbst zu befreien. Du kannst eine Verbindlichkeit eingehen und üben, dies zu tun. Deine Trigger sind in Wahrheit Geschenke, die dir den Weg zurück zum Ruf der Verantwortung zeigen und dir helfen, in dein Leben hineinzuwachsen. Kennst Du deine Trigger? Deine Allergien? Hast du alle Geschenke schon ausgepackt?

Die Stockung: Wenn es nicht weitergeht

Wir alle kennen Situationen, in denen etwas nicht weitergeht. Oder Zeiten, in denen wir scheinbar endgültig steckengeblieben sind. Von kreativen Prozessen her kennen wir diese Phase der Inkubation. Aber wir erkennen sie nicht als solche wieder, wir wähnen uns verloren. Aber zugleich ist da eine Spannung spürbar, die uns eigenartigerweise körperlich wohl tut, die uns fast entspannt! Da steckt Energie fest. Etwas ist nicht im Fluss und da strahlt Energie aus. Der Stopp gibt uns Zeit, zu fragen: Vielleicht wurden wir durch irgendetwas getriggert? Wie gehen wir mit dem eigenen Feststecken, mit dem Nicht-Weiterkommen um?

Meist wollen wir das Feststeckende loswerden. Weiterkommen. Immer weiter. Wir wollen die unangenehme Situation loswerden. Wir reagieren auf das Nicht-Weiter-Können, auf das Nicht-Können, auf das Merken-dass-ich-nicht-kann. Das ist das übliche Muster. Wir lösen damit vielleicht sogar eine Kettenreaktion aus, die unser Unbehagen verstärkt und uns noch unglücklicher macht. Dabei wollen wir doch den Stress loswerden!

Arawana Hayashi, die Erfinderin des Social Presencing Theatre[2], schlägt vor, dem Feststecken Aufmerksamkeit zu schenken und die Stockung zu verstärken. Es gilt das Feststecken wahrzunehmen und anzuerkennen, dass wir hängengeblieben sind. Die Lösung liegt darin, die Weisheit unseres Körpers zu nutzen. So kann unser Körper einen Ausdruck für das Feststecken finden – und dieses Feststecken wird dann sogar noch durch Druck auf den Körper verstärkt! Dieser Vorgang wird so lange aufrechterhalten, bis aus dem Körper heraus ein Impuls für eine Bewegung kommt. Der Impuls wird aufgenommen, in eine Bewegung und schliesslich in einen neuen Ausdruck überführt. Dies ist eine Möglichkeit, Feststecken als Ressource zu nutzen. Was für eine Freude, dem Feststecken diese Anerkennung zu geben und es als Teil des Entwicklungsprozesses zu begreifen und ihm ohne kognitive Einschränkung einen Bewegungsraum und damit eine Veränderungsmöglichkeit zu geben!

---

2   Einführungen und Erläuterungen zur Arbeit von Arawana Hayashi finden sich in englischer Sprache auf youtube.com.

In der Entwicklungslücke durchhängen

Wir können feststellen, dass es auch in grösseren Entwicklungsprozessen ein scheinbares Feststecken, eine Entwicklungslücke gibt. Das Projekt geht nicht weiter. Die visionäre Idee hatte doch Resonanz bekommen und breitet sich doch nicht weiter aus. Was ist los? Zuerst sind da die Visionäre, die eine Einsicht haben, eine Idee verfolgen und Möglichkeiten sehen. Sie sind getragen von einem Traum. Sie sind bereit, hohe Risiken auf sich zu nehmen, um ihr Ziel zu erreichen. Dann gibt es diejenigen, die von einer neuen Idee begeistert sind und mitmachen.

Und dann passiert plötzlich scheinbar nichts mehr. Lassen wir uns jetzt triggern? Verfallen wir in alte Muster? Reagiere ich zum Beispiel mit einem grundlegenden (Konflikt-) Muster, das ich längst überwunden glaubte? Mit dem Muster, mich einfach schlecht zu fühlen? Mit der Annahme, dass etwas – oder noch besser: jemand – falsch sein muss?

Im Moment kann die Entwicklungslücke ausgehalten werden. Aber ohne unser Zutun verliert sich die oben geschilderte Energie und wir fragen uns: Wo ist die sinnvolle Energie hin? Wo ist die Sehnsucht hin? Doch seien Sie versichert: Sie ist noch da! Vielleicht in einer Zelle, wartend, in einem Kokon, sich weiterverpuppend? Es gibt Phasen, in denen scheinbar nichts passiert. Es braucht Geduld. Ich habe das Ziel im Auge und bin verbunden. Ich harre nicht einfach aus, sondern bin im Moment und in der Liebe zur Sache gehalten.

3 Der Schatten der Freiheit

„Eine einfache Art und Weise, mit dem eigenen Schatten Kontakt aufzunehmen, ist die, gerade das Gegenteil von dem anzunehmen, was man im Moment bewusst beabsichtigt, wünscht oder begehrt", lese ich beim amerikanischen Philosophen Ken Wilber.

So bin ich zum Beispiel dabei, diese Zeilen zu schreiben. Ich bin wach und erlebe mich als produktiv, interessiert und fleissig. Das Gegenteil anzunehmen, hiesse: Ich bin (auch) unproduktiv, desinteressiert und faul. Das ist mein Schatten – wenn ich ihn nach aussen projiziere und (nicht) annehmen kann, dass ich manchmal tatsächlich unproduktiv, desinteressiert und faul bin. Das mag einfach klingen, wenn ich entspannt auf dem Sofa sitze und diese Zeilen lese. Aber wie ist es in Situationen, in denen wir angespannt sind, uns unfrei fühlen und in unseren Gefühlen hängenbleiben? Dann taucht der Schatten auf, den wir los werden wollten. Nein, so bin ich nicht! Nur andere sind so! – Ich kann lernen, in dieser Situation anders zu reagieren, als der Schatten es von mir will, aber da hilft keine noch so gute Abwehr. Die Situation erfordert Präsenz, um in die Tiefe zu gehen, auch wenn sie unangenehm ist. Sie kann nicht antizipiert und damit die Reaktion auch nicht auswendig gelernt und „gewusst" werden. „Umgang mit schwierigen Situationen lernt man, indem man immer wieder in schwierigen Situationen steckt ... Und nicht, indem man diese zu vermeiden sucht", sagt Gerald Hüther in einem Interview. Da wir uns in schwierigen Situationen meist inkompetent fühlen, wollen wir diese möglichst schnell weghaben – und vermeiden damit schwierige Situationen, die unseren Lernprozess erst ermöglichen.

Die Konfrontation mit unserem Schatten gehört zu diesen schwierigen Situationen. Und selbst wenn wir wissen, dass sich unser Selbstwirksamkeitskonzept und unsere Problemlösekompetenz zunehmend entwickeln, wenn wir nicht weiter wissen, scheuen wir die unangenehmen Gefühle, die mit dieser Konfrontation verbunden sind. Dabei ist es gerade in zwischenmenschlichen Situationen typisch, dass diese von Unsicherheit, Nicht-Wissen und Scheitern geprägt sind.

Unser ausgedachtes und geplantes Leben beginnt in der Realität einer solchen Konfrontation auseinanderzulaufen. Dabei will das kleine Ego doch gut sein, perfekt sogar. So erst entsteht ein solcher Schatten. Den kann ich auf andere projizieren: „Nicht ich bin schwierig, die anderen! Nur die anderen stören mich. Ich störe nie jemanden. – Und überhaupt: Ich bin richtig und nur die anderen sind falsch! Das ist mein Schatten. Das, was andere an mir sehen und ich selber nicht sehen kann – an mir, dafür umso mehr an den anderen. Fragen Sie eine Freundin, einen Freund, was er oder sie an Ihnen nicht mag. Ist es dein Egoismus? Deine Gier? Deine Lahmarschigkeit? Dein Perfektionismus?

Es geht also um eine fundamentale Ethik des homo sapiens, des lernenden Tieres; um unsere Ethik, nach Perfektion zu streben. Dagegen ist nichts einzuwenden, es ist lediglich zu bedenken, dass Perfektion Schatten kreiert. Warum ist das so? Weil Menschen unvollkommen lebendig und in einem dynamischen Prozess sind. Niemand ist perfekt. Perfektion heisst, tot zu sein. Perfektion heisst, erstarrt zu sein. Perfektion löst vielleicht Bewunderung aus, aber sie nährt nur das eigene Selbstbild, das sich immer mehr gefangen hält, je perfekter es sein will.

4 Konfrontation mit der Verantwortung

Der Übernahme von Verantwortung geht die Konfrontation mit Verantwortung voraus. Das heisst, ich habe Verantwortungsübernahme auch gelernt, indem mich Freunde auf die Wirkung meiner Handlungen aufmerksam gemacht haben, indem Vorgesetzte Dinge von mir eingefordert haben, indem meine Frau mich mit Dingen konfrontiert hat, die ich nicht hören wollte und die nicht zu meinem Selbstbild gehörten.

Auch wenn es bei der Übernahme von Verantwortung im Kern darum geht, dass nicht jemand verantwortlich gemacht werden kann und dass die Verantwortung für sich selber übernommen werden kann, scheint der Verantwortung etwas innezuwohnen, das uns herausfordert und mit uns selbst konfrontiert. Dies bedingt unter anderem, dass gerne zwischen Aufgabe und Verantwortung unterschieden wird. Man ist „nur" für das Erfüllen der Aufgabe verantwortlich, aber nicht für den Prozess der Erfüllung der Aufgabe insgesamt. Es ist leichter, jemandem nur eine Aufgabe aufzutragen, aber nicht Verantwortung einzufordern. Nur darf man sich dann nicht wundern, wenn das Gegenüber keine Verantwortung übernimmt.

Trennen und Verbinden von Aufgabe und Verantwortung

Die Trennung von Aufgabe und Verantwortung führt leider auch zu einem Denken, bei dem die Zusammenhänge nicht mehr gesehen werden. Gerade die Schule ist ein Ort, wo diese Zusammenhänge geschult werden könnten. Welcher Zusammenhang besteht jedoch zwischen dem Verhalten eines Schülers und seinem inneren Zustand? Das Gefühl für Verantwortung, Gedanken, Emotionen etc. spielt sich im Inneren ab. Diese sind nicht voneinander trennbar, auch wenn das eine gesehen wird und das andere nicht.

Die vier Quadranten des amerikanischen Philosophen Ken Wilber machen diesen Zusammenhang gut sichtbar. Er unterscheidet zwischen Innen und Aussen einerseits, und zwischen individuell und kollektiv andererseits. Das ergibt vier Quadranten mit einem linken oberen Quadranten für die individuellen inneren Prozesse wie Gefühle, Kognitionen, Gedanken etc. Einen linken unteren Quadranten für die kulturellen Prozesse wie ungeschriebene Regeln, Wertvorstellungen, (familiäre, arbeitsbezogene, gesellschaftliche) Zugehörigkeiten, Beziehungen etc. Die rechte Seite betrifft die äussere, sichtbare Seite unserer Welt. Im oberen rechten Quadranten findet sich das individuelle Verhalten, körperliche Merkmale, aber auch z. B. physikalische Prozesse, die gemessen werden können. Unten rechts schliesslich sprechen wir von Systemen und sichtbaren Prozessen wie z. B. Verkehrsströmen. Die vier Quadranten lassen sich trotz der Unterscheidung nicht separieren, obwohl sie verschiedene Denkmuster bedienen. Sie interagieren in dem Sinne immer und beeinflussen einander immer. Alle im Blick zu haben, erleichtert das Verständnis vieler Dinge. Ich zeige hier ein Beispiel, das gut im Schreibunterricht eingesetzt werden kann. In diesem Beispiel von Rob McLeod können die vier Quadranten genutzt werden, um Lernende dazu anzuleiten, lebendigere, schönere und interessantere Texte zu schreiben.

	innen (nicht direkt beobachtbare oder messbare Welt)	aussen (beobachtbare Welt)
individuell	Gedanken/Gefühle → Was hast du gedacht? → Was sagst du zu dir selbst? → Was fragst du dich? → Was stellst du dir vor? → Was wusste niemand über dich?	Aktion/Dinge → Was geschieht um dich herum? → Was beobachtest du? → Wie kannst du wichtige Dinge beschreiben? → Wie sehen die Menschen aus?
kollektiv	Beziehungen → In welchen Beziehungen stehen die Menschen zueinander? → Welche unsichtbaren Kräfte scheinen die Menschen zu „steuern"? (Regeln, Rituale ...) → Welche Wertvorstellungen treiben die Menschen an? → Wie ist die Stimmung unter den Menschen?	Kontext/Setting → Wo und wann spielt sich die Szene ab? → Wie lässt sich die Situation mit den fünf Sinnen erfassen? → Welches ist die räumliche Situation? → Wie ist das Wetter?

Verbindende Fragen sind hier: Wie stehen innen und aussen zueinander? Wie können wir innen und aussen in Dialog miteinander bringen? Was entsteht, wenn innen und aussen in Dialog treten? Was passiert, wenn wir die

Quadranten, denen wir bisher wenig Beachtung schenkten, in den Fokus rücken?

Nur wer sich selbst-wirksam erlebt, kann Verantwortung übernehmen – selbst wenn die Aufgabe nicht erfüllt werden kann. Die Verantwortung, sich selber ernst zu nehmen, kann einem niemand abnehmen. Diese Verantwortung braucht es aber, wenn wir eine Aufgabe angehen wollen. Darum geht es auch bei der Unterscheidung zwischen persönlicher und sozialer Verantwortung.

Persönliche und soziale Verantwortung

Ich gehe davon aus, dass jeder und jede fähig ist, Verantwortung für seine Gedanken, Gefühle und Handlungen zu übernehmen. Wir sind es jedoch meist gewohnt, soziale Verantwortung zu übernehmen. Im Extremfall sind wir dazu erzogen worden, so lange die Bedürfnisse anderer wahrzunehmen, bis man nicht mehr weiss, was man selber will. Sobald Automatismen und Reaktionen bewusst gemacht werden können, ist die Grundlage für die persönliche Verantwortungsübernahme geschaffen. Dann kann ich bewusst entscheiden, ob ich für mich selber Verantwortung übernehme oder für jemand anderen. „Wenn ich von Verantwortung spreche, sagen die Leute immer, ja, ja, klar übernehme ich Verantwortung. Und das stimmt ja auch. Viele Menschen übernehmen schon Verantwortung für ihr Leben, für das Wohlergehen ihrer Kinder etc. Aber wenn ich davon spreche, dass Verantwortung und insbesondere persönliche Verantwortung ‚sich selber ernst nehmen' bedeutet, dann wird es still." Das sagt die Familientherapeutin Katrin Paul, und ich kann ihr nur beipflichten. Um das Thema persönliche Verantwortung zu klären, können folgende Fragen hilfreich sein. Die Beantwortung der Fragen – und im Moment können Sie einfach schauen, bei welcher Frage am ehesten eine Antwort aufsteigt – schafft die Voraussetzung, auf der dann ein gemeinsamer Prozess – und soziale Verantwortung für andere übernommen werden kann:

- → Wie bin ich im Moment gestimmt? Ängstlich, ärgerlich, gelassen, freudig?
- → Was möchte ich im Moment erleben und was will ich dazu beitragen?
- → Vertraue ich mir, den anderen und dem Prozess oder möchte ich lieber die Kontrolle behalten über mich selber, die anderen und den Prozess?
- → Fühle ich mich für die Stimmung mitverantwortlich oder denke ich, dass die Verantwortung bei den anderen liegt?
- → Bin ich damit beschäftigt, gut dazustehen, oder kann ich authentisch sein und mich zeigen?
- → Bin ich zurzeit mit Zuhören oder mit meiner Antwort beschäftigt?
- → Was beschäftigt mich im Moment am meisten?
- → Was hält mich zurzeit ab, voll und ganz präsent zu sein?
- → Kann ich gut für mich sorgen oder warte ich auf etwas?
- → Kannst du spüren, wie sich dein Körper im Moment anfühlt? Wie du dasitzest? Wie du atmest?
- → Gibt es etwas, wofür du dankbar bist zurzeit?

Diese Fragen sind im Zusammenhang mit einem Beratungsauftrag entstanden, bei dem es darum ging, die Sitzungskultur eines Teams zu verändern. Mir war der Auftrag jedoch zunächst nicht ganz klar, sodass ich beschloss, einen zusätzlichen Spieler in die Sitzungen einzuführen. Der hiess Kurt, der Konferenzfrosch. Sie kennen vielleicht diese Holzfrösche, denen man mit einem Stab über den gezackten Rücken streichen kann. Sie geben dann Töne von sich, die an das Quaken von Fröschen erinnern. Damit hatte ich ein zusätzliches Element in die Sitzung eingeführt, das mir ermöglichte, ab und zu eine der obigen Fragen in die Runde zu werfen, wenn ich den Eindruck hatte, dass das Team das Thema verliess und sich in fruchtlose Diskussionen zu verlieren drohte. Die Unterbrechung wurde durch den Frosch eingeläutet, dann stellte ich eine möglichst passende Frage und liess die Teammitglieder kurz zu zweit darüber reden. Die Unterbrechung war jeweils von kurzer Dauer; Sinn und Zweck war es, die automatisierten Muster bewusst zu machen und daran zu erinnern, was in der Gruppe ablief. Damit konnte die Gruppe schrittweise mehr und mehr

Bewusstsein für den eigenen inneren Zustand, und dann Verantwortung für den gemeinsamen Prozess übernehmen.

Auch wenn fast alle von uns einmal der individuellen, ein andermal der kollektiven Perspektive den Vorzug geben, heisst das nicht, dass die andere Perspektive besser oder wichtiger ist. Wir können uns jedoch bewusst für unsere eigene Perspektive entscheiden und wahrnehmen, dass es auch andere Perspektiven gibt. Verantwortung übernehmen heisst letztlich, seine Integrität innerhalb eines Kollektivs zu bewahren. Und manchmal braucht man einen liebevollen Schubser, um die Verantwortung im Kollektiv mittragen zu können.

Lernschritte bei der Übernahme von Verantwortung

Verantwortung im Rahmen eines Lernprozesses heisst, die eigenen Grenzen des jeweiligen Lernschritts anzuerkennen. Dreyfus und Dreyfus haben uns ein Modell zur Verfügung gestellt, das für diesen Lernprozess förderlich sein kann. Sie haben anhand von Leuten, die lernen, ein Flugzeug zu fliegen, fünf Lernentwicklungsstufen gefunden.[3] Die erste Stufe ist der Novize. Er hat keine Erfahrung. Seine Wahrnehmung ist fragmentiert. Er kann eine Situation nicht als Ganzes erfassen. Seine Aufmerksamkeit ist beobachtend, und Entscheidungen werden analytisch getroffen. Auf der zweiten Lernstufe sind bereits Kompetenzen vorhanden. Der Kompetente ist fähig, eine Situation als Ganzes zu erinnern. Auf der dritten Stufe des Erfahrenen kommt eine ganzheitliche Wahrnehmung hinzu, die fähig ist, die Bedeutung einer Situation im Moment selber zu erfassen. Der Lernende ist fähig, die Elemente einer Situation in ihrem Zusammenhang und ihren Wechselwirkungen und damit als Ganzes zu verstehen. Er kann systemisch wahrnehmen. Die vierte Stufe ist die Expertenstufe. Der Experte

---

3   Dreyfus, Stuart E. & Dreyfus, Hubert L. (1980). A five-stage model of mental activities involved in directed skills acquisition. Operation Research Centre 80-2: University of California: Berkeley (February 1980). Der Artikel ist abrufbar unter: https://apps.dtic.mil/dtic/tr/fulltext/u2/a084551.pdf (letztmals 7. Februar 2020).

trifft Entscheidungen nicht mehr analytisch. Im Expertenstadium erfolgt die Entscheidungsfindung intuitiv. Die letzte Stufe ist die Meisterstufe. Der Meister oder die Meisterin unterscheidet sich auf der Bewusstseinsebene von den anderen Stufen dadurch, dass das Bewusstsein nicht primär beobachtend agiert, sondern in der Wahrnehmung „eingelassen" ist, sodass ich mir nicht aktiv bewusstwerden muss, dass ich etwas mache. Dies ist eine mentale Funktion, die sich von unserem Alltagsbewusstsein, das primär beobachtend ist, unterscheidet. Das meisterhafte Bewusstsein ist in die Situation integriert, als Teil der Situation.

Hier die fünf Stufen mit den mentalen Funktionen im Überblick:

Lernstufen Mentale Funktion	Anfänger(in), Novize, Novizin	Kompetente(r)	Erfahrene(r)	Experte, Expertin	Meister, Meisterin
Erinnerung	Nicht situationsbezogen, fragmentiert	Situativ, die ganze Situation erfassend	Situativ, die ganze Situation erfassend	Situativ, die ganze Situation erfassend	Situativ, die ganze Situation erfassend
Wahrnehmung	Zersetzt, fragmentiert	Zersetzt, fragmentiert	Ganzheitlich	Ganzheitlich	Ganzheitlich
Entscheidung	Analytisch	Analytisch	Analytisch	Intuitiv	Intuitiv
Bewusstsein	Beobachtend	Beobachtend	Beobachtend	Beobachtend	Eingelassen, integriert

Es zeigt sich aus meiner Erfahrung als Berater, dass die avancierte vierte und fünfte Stufe spezifische Lernhindernisse mit sich bringen können, gerade weil das Selbstbild in diesen avancierten Stufen von Können und nicht mehr primär von Lernen geprägt ist. Ich möchte es „routinierte Übervertrautheit" nennen: Gerade weil man schon weit ist, wird es schwieriger, Unzulänglichkeiten einzugestehen; sich in seinen Unzulänglichkeiten zu zeigen, kann schambehaftet sein. Doch das führt zu Lernbehinderung. Umso wichtiger ist es in diesem Prozess, einen sicheren Rahmen zu kreieren, in dem die Lernenden auf Offenheit und Wertschätzung zählen können.

Hier einige Anregungen für die Arbeit mit diesem Modell:
→ Lassen sich eigene Lernerfahrungen in dieses Modell integrieren?
→ Welche mentalen Funktionen sind mir vertraut? Welche weniger?
→ Wie fühlen sich die verschiedenen Lernstufen an?
→ Ist der Übergang vom Anfänger, der sich in der unbewussten Inkompetenz befindet (nicht wissend, was er nicht weiss) zur nächsten Stufe der bewussten Inkompetenz auch für Sie der unangenehmste Lernschritt? Wie reagieren Sie, wenn Sie die bewusste Inkompetenz wahrnehmen?

Verantwortung und Digitalisierung

In einer digitalisierten Welt eröffnen sich viele neue Möglichkeiten. Das Wissen selber und der Zugang zum Wissen explodieren. Wir müssen uns immer von Neuem entscheiden, worauf wir uns mit wem, wie weit und wie lange einlassen wollen.

Diese immer neuen Freiheiten können uns verunsichern, denn sie führen dazu, dass wir immer genauer wissen, was wir wollen.

Die Digitalisierung und Technologisierung des Alltags bringt viele Erleichterungen und erhöhte Freiheitsgrade mit sich. Die mit den gestiegenen Möglichkeiten verbundenen Freiheiten erhöhen aber gleichzeitig den Druck auf die Verantwortung, wenn wir davon ausgehen, dass Verantwortung die Kehrseite der Freiheitsmedaille ist. Mehr Freiheit, mehr Verantwortung und insbesondere noch mehr persönliche Verantwortung für das, was wir tun und das, was wir nicht tun.

Die Verfügungsgewalt, die der Datenstrom des Internet uns bietet, führt dazu, dass die Freiheitsgrade steigen. Ich kann wählen. Oder lasse ich mich vom Datenstrom treiben und mitreissen? Realisiere ich den Punkt, an dem ich mitgerissen werde?

Damit ich Verantwortung für mich selber übernehmen kann, muss ich wissen, was ich wirklich will. Dies erfordert eine andere Art von Auseinandersetzung, die viele von uns als anstrengend empfinden, vielleicht auch, weil es neu ist. Andere zu fragen, ist einfacher, als selber darüber nachzudenken, was ich will. Natürlich lasse ich mich auch von anderen anregen, und ich bin selber jemand, der sich auch begeistern lassen kann. Ich kann Feuer fangen, mich freuen und jubilieren. Im Gegenüber wird mein eigener Denkprozess zudem angeregt. Denken im Dialog ist auch möglich. Sondieren, um herauszufinden, was ich will; austauschen, um zu verstehen, was ich brauche, um Verantwortung zu übernehmen.

Gleichzeitig kann ich mit mir selber im Kontakt sein und mit der Welt verbunden sein. Dafür braucht es jedoch Zeit, die wir vermeintlich nicht mehr haben. Meist braucht es eine Weile, bis ich mich auf mich selber, die Situation und die anderen Menschen eingestimmt habe. Dieser Moment genügt allerdings, damit ich ein bisschen mehr bei mir und weniger im Hier und Jetzt bin. Diese Art von Disziplin ist eine Erinnerung an das, was ich will. Wenn ich weiss, was ich will, ist es sehr einfach, diszipliniert zu sein. Das ist sogar die Definition von Disziplin: sich daran zu erinnern, was ich will.

Das ist im Bereich der digitalen Welt sehr schwierig umzusetzen, da die individuelle Verantwortungsübernahme mit sozialer Vereinzelung einhergehen kann. Vielleicht braucht es da so etwas wie einen digitalen Führerschein, wie dies die deutsche Politologin Katika Kühnreich vorschlägt. Ein Führerschein, den man in der Schule erwerben kann, und der uns hilft, zu verstehen, wie die digitale Welt funktioniert und welche Aspekte unseres Lebens davon tangiert sind und bestimmt werden.

Lässt sich Verantwortung messen?

Der irische Forscher Anthony Kelly hat versucht Verantwortung zu messen.[4] Er hat die Leitung von Schulen untersucht und versucht, herauszufinden, was die Übernahme von Verantwortung unterstützt. Er schlägt im Anschluss an die Arbeiten von Elliott Jaques vor, die Übernahme von Verantwortung in Beziehung zur Übernahme eines Zeithorizonts zu setzen. Das ist die sogenannte „time span capacity". Diese bezeichnet die Fähigkeit, den Zeitraum der Ungewissheit zu ertragen, der zwischen der Entscheidung für eine Arbeit, dieser Arbeit nachzugehen und der Wirkung dieser Arbeit beziehungsweise dem erwarteten Ergebnis dieser Arbeit vergeht. Diese „Zeitspannenfähigkeit" ist mit der im vorangehenden Kapitel beschriebenen Entwicklungslücke verwandt: Die Fähigkeit, diese Zeitspannen auszuhalten, nimmt mit zunehmendem Alter zu, aber sie kann trotzdem stark variieren zwischen

null bis drei Monaten
drei Monaten bis zu einem Jahr
ein bis zwei Jahren
zwei bis fünf Jahren
fünf bis zehn Jahren
zehn bis 20 Jahren
20 bis 50 Jahren.

Menschen beginnen zu leiden, wenn in ihrer Arbeit diese Fähigkeit nicht berücksichtigt wird. Ungeduld, Unaufmerksamkeit, ein Gefühl von Zurückgehaltenwerden, ein Gefühl, sein Potenzial nicht voll entfalten zu können und auch das Gefühl, nicht ins System zu passen, fremd zu sein, sind typische Reaktionsweisen, wenn die jeweiligen Zeithorizonte nicht zusammenpassen. Kenne ich eines dieser Gefühle? Welche Situationen kommen mir in den Sinn, wenn ich an Arbeit und Zeithorizonte denke?

---

4   The Intellectual Capital of Schools: Measuring and managing knowledge, responsibility and reward: Lessons from the commercial sector. Dordrecht, New York & London, Kluwer Academic Press, 2004.

Wir kennen diese Gefühle von Kindern (und vielleicht auch aus unserer eigenen Erinnerung), die ungeduldig auf den Weihnachtsmann warten und es kaum aushalten können, bis er kommt, und wissen wollen, wie viele Male sie noch schlafen müssen. Ich selber kenne es von der Arbeit, wenn ich vorwärtsstürmen will und alles gleich anpacken und umsetzen will und von anderen (vermeintlich) zurückgehalten werde.

Das Mass der Verantwortungsübernahme steht gemäss Kellys Studien in Korrelation zur Fähigkeit, einen bestimmten Zeithorizont ermessen zu können. Das klingt einfacher, als man denkt. Denn wir bewegen uns auf einem Zeitstrahl, auf dem eine Ursache eine exponentielle Wirkung haben kann. Die Menschen sind gerade erst dabei, das Bewusstsein für nichtlineare Zusammenhänge zu entwickeln. Wer erinnert sich noch an die exponentielle Ausbreitung von Viren? Gerne halte ich mir diese Lehre aus der Corona-Zeit wach.

5 Transformation des inneren Selbst

Sich von der Täter- und Opferrolle verabschieden

Wir alle kennen uns selber in der Rolle des Verfolgers, des Täters. Wir kennen aber auch alle die Opferrolle. „Ich armes Schwein! Wie können die mir das nur antun! Wie kann man nur so sein! (Das hat nichts mit mir zu tun!)." Das gekränkte kleine Ego wird aktiviert. Auch das kennen wir alle nur zu gut.

Wenn wir diese Rollen bewusst verlassen, kommen wir in die Verantwortung. Wir können uns entscheiden, auch wenn die „Sucht", ins alte Muster zu gehen, anfangs noch sehr stark ist. Trotzdem: Es steht in unserer Macht, uns anders zu entscheiden. Den ungewohnten, unvertrauten Weg zu gehen, den wir nicht kennen. Das ist die Macht als Einfluss auf uns selber, die wir nutzen können, um verantwortungsbewusst zu handeln und aufzuhören, andere zu manipulieren.

Mut, sich selber zuzuhören

Was brauche ich dazu? Mut. Den Mut, sich selber zuzuhören.

Habe ich den Mut, mir selber zuzuhören? Meine Ohren zu öffnen und zu lauschen, was mein Herz zu sagen hat? Auf das zu hören, was aus der Stille aufsteigt? Auf das zu hören, was mir eine innere Richtschnur gibt? Mutig und diszipliniert auf das zu hören, was ich wirklich, wirklich will? Sich zu fragen, was unser Beitrag zur Welt ist. Was wir zur Gemeinschaft beitragen können. Was die Welt braucht, was uns Freude macht und was wir gut können. Mut ist die Rückseite von Integrität. Indem ich mutig zu dem stehe, was ich wirklich machen will, bewahre ich meine Integrität und werde ich mehr und mehr verantwortlich. Verantwortlich für mich und mein Leben.

Verantwortung als Umgang mit Herausforderungen

Im Umgang mit Herausforderungen kann ich zwei unterschiedliche Zugänge wählen. Beide erfüllen ihre Funktion und haben ihren Nutzen. Für beide kann ich Verantwortung übernehmen und so mich selber in der Entscheidung ernst nehmen. Ich kann mich emotionalen, zwischenmenschlichen, fachlichen oder praktischen Herausforderungen gegenüber verschliessen oder offen bleiben. Wenn ich entscheide, mich zu verschliessen, was eine gesunde Reaktion sein kann, und meist alte Überlebensmodi aktiviert, bin ich in mir selber verschlossen, aber sicher. Ich weiss, was ablaufen wird, denn das Muster ist bekannt.

Kürzlich hatte ich mit meiner Frau einen Konflikt, bei dem ich diesem Reaktionsmuster nachspüren konnte. Ich oszillierte innerlich zwischen Opfer- und Täterrolle. Das war ein altvertrautes Muster, ich war daran, mich in mich selbst zurückzuziehen. Dann entschied ich mich dafür, dieses Muster zu verlassen. Es brauchte aber einige Zeit der Beobachtung, bis ich in der Lage war, das altbekannte Muster wirklich zu verlassen und aus meinen Gedanken in die Situation zurückzukehren; bis ich den Zugang zu mir selber und zu meiner Frau wiedergewinnen konnte. Der Zugang erfolgte über das Mitgefühl mit mir selber und der Empathie mit meiner Frau. Ich war im Moment der Entscheidung jedoch bereits neugierig auf mich selber. Werde ich der alten Wahl zwischen Täter und Opfer entkommen? Ich will weder Täter noch Opfer sein. Was dann? Die Öffnung des Herzens folgte auf die Öffnung des Geistes und dem folgte die Öffnung des Handelns. Otto C. Scharmer nennt dies open mind, open heart und open will. Mit der Öffnung des Geistes beobachtete ich meinen inneren Kritiker, der Urteile fällt: Meine Frau ist im Unrecht! Ich bin im Recht! Ich habe mich nur deswegen so destruktiv verhalten, weil sie den Bogen mit ihrem Verhalten definitiv überspannt hat! Aus der Beobachterposition heraus kann ich neugierig bleiben: neugierig auf mich selbst, auf andere, auf die Welt. Ich kann mir Fragen stellen und so meiner Neugier Nahrung geben. Mit Fragen kann man Neugierde anstacheln, Raum geben. Zum Beispiel: Wie wurde deine Neugier genährt in deinem Leben? Welche Situationen kommen dir in den Sinn? Gab es eine Situation oder einen Punkt in deinem Leben, von dem an deine Neugier unterbrochen wurde, stoppte oder gestoppt wurde? Was taucht jetzt auf – und will aufgeschrieben oder geteilt werden?

Solche Fragen helfen, wieder in Kontakt mit sich selber zu kommen. Ich war wieder in Kontakt mit mir selber. Da meldet sich der Zyniker, der Defätist, der alles ablehnt und zum Rückzug bläst. Ich lasse ihn blasen und beobachte ihn dabei. „Das hat alles keinen Sinn!", „Da komme ich sowieso nie raus!", „Ich bleibe einfach stur in mir und dann kann der andere schauen, wie er weiterkommt!", sagt er. Und ich lasse ihn das sagen. Er hat gute Gründe, so zu reagieren, mein innerer Rückzieher. So beginne ich, Empathie für ihn zu empfinden. Ich beginne mein Herz zu spüren und frage mich, wie es wohl meiner Frau geht. Nun kann ich mir weitere Fragen stellen: Was erlaubt es mir, empathisch zu sein? Was hilft mir, mit mir im inneren Kontakt und offen zu bleiben?

Mit der Öffnung des Herzens ist auch die Bedingung für den offenen Willen und die Handlung gegeben. Doch da meldet sich der Ängstliche in mir und fragt: Soll ich jetzt wirklich offen und herzlich auf meine Frau zugehen? Was, wenn sie ablehnend oder gar aggressiv reagiert? Und nochmals gebe ich dieses Mal dem Ängstlichen den Raum, den er braucht. Auch er hat gute Gründe, seine Zweifel zu haben. Und dann fälle ich eine letzte Entscheidung für diese Situation: Ich setze mich in Bewegung und gehe auf meine Frau zu, weil ich nicht mehr in diesem alten Muster von Opfer oder Täter bleiben will. Das gelingt nicht immer, denn wir identifizieren uns ja mit diesen Rollen und tun uns manchmal schwer, uns davon zu de-identifizieren.

Freiheit und Integration

Wie geht es weiter? Peter Merry[5] gibt Prozessschritte von dieser Dynamik, die Leben heisst:
→ Ein Wachstumsimpuls: Ich fühle mich als Ganzes angestupst, um einen neuen Teil meines Potenzials zu entwickeln.
→ Erwachende Aufmerksamkeit: Der Impuls gibt mir neue Informationen oder schafft neues Bewusstsein in mir.
→ Auftauchende Schatten: Die Muster der Vergangenheit, die sich verwandeln wollen, tauchen auf.
→ Befreite Energie: Energie löst sich, wenn sich alte Muster auflösen.
→ Wachstum: Mit dieser neuen Energie werde ich fähig, mir die neuen Informationen einzuverleiben, und neue Freiheitsgrade werden zugänglich.

Eine Spannung zwischen Integration und Freiheit. Eine Bewegung, die nie aufhört.

Evolutionäre Verantwortung?

Haben wir eine Verantwortung für unsere eigene evolutionäre Entwicklung? Was könnte damit gemeint sein? Entwicklung und evolutionäre Entwicklung bewegen sich zwischen den Polen von Freiheit und Verbundenheit und der zunehmenden Integration dieser beiden Pole. Dies erscheint zunächst einmal paradox und ich erlebe es folgendermassen: Nach einer langen Phase der Betonung des gemeinschaftlichen Denkens stosse ich auf immer neue Fragen, die mich anregen, über das Leben, über meine Arbeit, über mich und die anderen neu nachzudenken:

---

5   In Anlehnung an Peter Merry (2017): Volution: An integrative theory of the holographic and trans-linear dynamics of life, 98. Abrufbar unter: https://www.academia.edu/34850226/Volution_An_integrative_theory_of_the_holographic_and_trans-linear_dynamics_of_life_PhD_Dissertation_Thesis_ (letztmals 7. Februar 2021).

→ Inwieweit bin ich und sind wir bereit, etwas zur (Welt-)Gemeinschaft beizutragen?
→ Welches Geschenk können wir der Gemeinschaft machen, ohne uns selber aufzugeben und zu überfordern?

Mit diesen Punkten sind wir wieder bei der Sinnfrage angelangt:

→ Was kann ich und was können wir beim gegenwärtigen Stand unserer Fähigkeiten und Möglichkeiten als Beitrag zur Welt-Gemeinschaft erschaffen?

Kürzlich hatte ich einen lebendigen Traum, in dem ich das Klarinettenkonzert von Mozart auf meiner Klarinette gespielt habe. Im ersten Teil des Traums musste ich mich einfinden in die Melodie, und ich war aber trotzdem getragen von der Umgebung, die mich unterstützt hat. Es war das, was möglich war. Im zweiten Teil blühte ich immer mehr auf und mein Spiel war auch von Blumen umrankt, und die Töne erklangen in den schönsten Farben. Am Schluss konnte ich das ganze Konzert in der Rückschau betrachten und es erfolgte eine Art Reflexion auf mein Spiel und auf die Einbettung des Spiels in mein Leben. Wie ein Echo erklang dann die Botschaft: Übernimm Verantwortung für dein Leben, schwing dich ein auf dein Leben, und es wird dein Leben sein, das erblühen kann.

Je mehr ich mein eigenes Leben lebe, desto mehr Verantwortung kann ich übernehmen.

6 In der Verantwortung angekommen

Gestärkt, bewusst und klar steht die wiederkehrende Aufgabe an: Das neue Wissen, die gemachten Erfahrungen mit den Menschen zu teilen. Was sind die Früchte der Reise und wie werden diese weitergegeben?

Mit jeder Erfahrung, mit jeder „Prüfung", mit jeder Begegnung wächst das Bewusstsein. In der Präsenz kann ich immer wieder neu für mich und für andere da sein, um auch in anderen das Bewusstsein wachsen zu lassen.

Das wiederum geschieht im Bewusstsein, dass alles sowohl persönlich und als auch nicht persönlich ist, dass sich jede, jeder und jedes entwickeln kann, dass Möglichkeiten auf verschiedenen Ebenen vorhanden sind, dass es immer auch darum geht, Eigenes loszulassen, Neues anzunehmen und Anderes, Fremdes zu integrieren, und dass es um das ganze Fühlen des Gegenübers und der Situation geht.

Es geht darum, wahrzunehmen, dass die innere Realität ein Teil der äusseren Realität ist und es darauf ankommt, wie du darauf antwortest, und dass die zunehmende Präsenz zunehmende Freiheit und zunehmende Verantwortung bedeutet.

Der Prozess ist offen, und auch wenn du stirbst, geht die Reise vielleicht weiter: hinein in andere Welten. Bis es so weit ist, bist du, sind wir als Gesellschaft und als ganze Menschheit eingeladen, aus dem neu gewonnenen Verantwortungsbewusstsein zu schöpfen und dieses Bewusstsein auch in anderen Menschen wachsen zu lassen.

Wie machen wir das? Im Kontakt mit dem Gegenüber kann ich das Wesen des Gegenübers erkennen. Das kann heissen, den Dingen auf den Grund zu gehen, Glaubenssätze zu benennen; und das eigene Interesse, die eigenen Fragen in den Raum stellen. Warum macht ihr das so? Mich interessiert, wie ihr dazu gekommen seid?

Ich kann Anregungen, Unterstützung und auch Führung geben.

In der Führung kann es Folgendes bedeuten:

→ eine Atmosphäre der Offenheit, des Nicht-Bewertens und der Gegenseitigkeit zu schaffen.
→ immer wieder im Kontakt mit sich selber und in die Verbindung mit den anderen zu kommen, wenn das Ego übernimmt, alte Schutzmechanismen aktiviert werden oder Gefahr droht.
→ Klarheit über den Sinn einer Situation zu haben.
→ der Situation und den entsprechenden Aufgaben zu dienen.

Und dann immer wieder innerlich und auch äusserlich stoppen. Und wenn es sein muss: Leute rausschmeissen, die ein ganzes System immer wieder zum Kippen bringen. Verantwortung übernehmen heisst auch, Entscheidungen zu treffen und aus der Reflexion heraus zu handeln. Damit ist auf die notwendige Balance zwischen Reflexion und Aktion hingewiesen. Darum geht es auch im zweiten Teil des Buches: Was es für Führungskräfte bedeutet, den Blick nach innen zu wenden und aktiv handelnd Verantwortung zu übernehmen. Und: Wie eine Schule der Verantwortung aussehen kann.

Teil 2:
Anleitungen für eine Schule der Verantwortung

0 Orientierung: Die Situation der Schule

„I touch the future. I teach."
Christa McAuliffe

Was ist die Schule? Sie hat ihren Namen aus dem Griechischen „scholae" bekommen, was so viel wie Musse bedeutet. Schule braucht Musse und umso mehr wird sich Schule entwickeln. Es braucht Musse, sprich: Zeit, Schulen zu entwickeln und aus dem Geist der Industrialisierung herauszuführen. Zum anderen ist die Rückbesinnung und die Re-flexion auf den ursprünglichen Sinn der Schule hilfreich, um gemeinsam Prozesse in Gang zu bringen, die verantwortungsvolle, kreative und das Menschensein kultivierende Individuen hervorbringen.

Jede Gesellschaft hat ein Bildungssystem als tragende Säule ebendieser Gesellschaft entwickelt. Im Unterschied zum System, das aus dem Geist der Industrialisierung hervorgegangen ist, wissen wir heute nicht mehr, für welche Zukunft und für wen das System bildet. Es wird jedoch immer mehr sichtbar, dass wir global ökologisch, sozial und auch ökonomisch an Grenzen stossen. Überall werden die negativen Effekte des maschinellen Denkens und Handelns deutlich: Klimakrise, wachsende ökonomische Ungleichheit und ein Finanzsystem, das auf nicht-erneuerbaren Ressourcen und stetigem Wachstum baut. Systeme, die immer weniger allen Menschen dienen, sondern immer mehr einer oligarchischen Elite, die wenig Interesse hat, Demokratie und demokratische Bildungsprozesse zu befördern.

Wie also soll die Schule von heute sein? Wir können die Frage wieder mehr auf den Menschen und seine Potentiale und auf unsere Kinder und damit unsere Zukunft beziehen und uns fragen: Welche Kinder wollen wir in Zukunft haben? Was brauchen wir in Zukunft? Wir brauchen Kinder, die schon früh ihren Platz in der Gesellschaft (in der Familie, im Klassenraum, in sich selber) finden. Dazu brauchen sie Führung und Begleitung. Sie brauchen Herausforderungen, Möglichkeiten, sich einzubringen, um zu lernen, Verantwortung zu übernehmen. Das alles können sie nur in einer Schule lernen und erleben, die ihnen dafür Lerngemeinschaften, Entwicklungsräume und Wachstumschancen zur Verfügung stellt.

Auch das Bildungssystem ist den laufenden gesellschaftlichen Transformationsprozessen ausgesetzt. Der andauernde Strukturwandel der Öffentlichkeit durch Social Media, die Rationalisierung der wirtschaftlichen Produktivität durch Digitalisierung und die Destabilisierung zwischenmenschlicher Beziehungen durch Orientierungslosigkeit als Reaktion auf ebendiese Prozesse schlagen auf die Bildungssysteme und die in ihnen arbeitenden Menschen durch. Lange Zeit konnte das System durch verstärkte Anstrengungen, Anpassungsbemühungen und gesteigerten administrativen Aufwand die negativen Effekte und den Verlust der tradierten Werte ausgleichen.

Die zunehmenden Burn-outs von Lehrpersonen, die zunehmenden schulpsychologischen Abklärungen von Kindern zeigen an, dass wir uns in eine Sackgasse hineinmanövriert haben.

Um sich aus diesem reaktiven Modus und den Mustern des Getriebenseins zu lösen, bedarf es besonderer Disziplin und Fokussierung auf das Wesentliche. In diesem Teil des Buchs wird das Prinzip Verantwortung nochmals im Zusammenhang mit schulischen Prozessen vorgestellt und als Möglichkeit der Orientierung nähergebracht. Diese Orientierung ist als längerfristiger Prozess zu verstehen, nicht als Umlegen eines Hebels, der mechanisch die Dinge verändert. Verantwortung zu übernehmen für sein Denken, Handeln und Fühlen heisst auch, sich seinen Ängsten, seiner Scham und seinen destruktiven Seiten zu stellen.

Damit ist auch gesagt, dass es hier darum geht, der Realität von Veränderungen ins Auge zu schauen und die Realität von Veränderungsprozessen anzuerkennen.

Die Realität von Veränderungsprozessen anerkennen heisst:
→   die Ineffektivität von Zwang zu sehen.
→   mit Unfertigkeiten und Unsicherheiten leben zu können.
→   Probleme als Freunde zu sehen.

- → Veränderungen nicht als Entscheidung oder Plan zu sehen, sondern als Reise.
- → jede Person als change agent zu sehen.
- → zu verstehen, dass Prozesse Ergebnisse ermöglichen, aber nicht determinieren können.
- → gleichzeitig Bottom-up und Top-down-Strategien anzuwenden.
- → Individualität und Kollektivität als gleichwertig anzusehen.
- → Veränderungen als evolutionäre Entwicklungen zu verstehen, die Musse benötigen.

Haben wir nicht alle, die wir in Bildungsprozessen tätig sind, die Aufgabe und die Verantwortung, wie uns Christa McAuliffe in ihrem berühmt gewordenen Ausspruch lehrt, an der erwünschten Zukunft zu arbeiten, die wir dereinst berühren wollen und jetzt schon berühren, indem wir andere Menschen auf unsere Art lehren, inspirieren, begleiten, unterstützen und ermutigen? Die Einmündung in die Sackgasse ist eine Einladung dazu.

1   Der Sinn der Schule

„Wer ein Warum zu leben hat, erträgt fast jedes Wie."
Friedrich Nietzsche

Die Frage nach dem Sinn taucht im Entwicklungsprozess einer Schule früher oder später oft auf. Der Sinn einer Organisation, einer Schule, eines Teams, eines Projekts kann herausgearbeitet, herausgeschält werden. Die Antwort auf die Frage nach dem Beitrag einer Schule zur Gemeinschaft ist eine Entwicklungsaufgabe: Die Jahre sind ins Land gezogen, der anfängliche Enthusiasmus ist verflogen, die Arbeit vertraut und die Routine nimmt immer mehr Raum ein. Der Einzelne und die Schule haben ihre Muster und Kulturen entwickelt, die Gärtchen gepflegt, man kennt einander.

Die Bildungsexperten Julian Nida-Rümelin, Manfred Prenzel und Klaus Zierer plädieren im Magazin Spiegel vom 30. Juni 2018 dafür, dass „Schulen zu sozialer und kultureller Teilhabe führen, zu einem friedlichen und humanen Miteinander, zu einem respektvollen und verantwortungsbewussten Umgang" beitragen sollten. Sie fordern, „den Unterricht an Schlüsselproblemen unserer Zeit wie soziale Gerechtigkeit oder ökologische Nachhaltigkeit auszurichten, die mindestens 40 Prozent der Unterrichtszeit umfassen." Aber auch dieser Appell wird wirkungslos verhallen, auch wenn die Sinnfindung mit Schulen immer wieder auf diese genannten Aspekte verweist. Um den Sinn mit den jeweiligen Menschen in den Schulen herauszuarbeiten, stehen folgende Fragen im Raum:

→   Was will ich wirklich für mich selber beruflich und persönlich?
→   Was will ich wirklich für die anderen Menschen in- und ausserhalb der Schule?
→   Was ist der übergreifende Sinn der Schule?
→   Welchen Beitrag bringt die Schule der Gemeinschaft?

Die Antworten auf diese Fragen bilden den ersten Schritt, Verantwortung übernehmen zu können.

In Teams an diesen Fragen zu arbeiten, macht Spass. Die lebendige Atmosphäre ist fast mit Händen greifbar. Es herrscht Aufbruchstimmung, wenn der Fokus sich vom äusseren Druck auf die innere Orientierung verschiebt.

Es ist eine Freude, zu erleben und beobachten zu können, welche Sehnsüchte angesprochen und worüber diskutiert und debattiert wird. „Die Schule ist da, dass die Kinder ihre Träume verwirklichen können", höre ich jemanden sagen. Nirgendwo habe ich in den Jahren meiner Tätigkeit als Schulleiter und Berater eine Schule gefunden, in der die Lehrpersonen nur die Vermittlung von Lernstoff als Sinn der Schule betrachtet haben. Die obigen Fragen sprechen die Lehrpersonen ganzheitlicher an und nicht lediglich als Wissensvermittlerinnen und -vermittler. Vielfach drehen sich im Schulalltag die Diskussionen vielmehr um die Individualität der Kinder und Jugendlichen und wie die Schule diesen Individualitäten gerecht werden kann. Diese Diskussionen schliessen an den andauernden didaktischen Diskurs über Individualisierung an, der sich genau um diese Frage kümmert.

Gleichwohl gibt es vielleicht so etwas wie einen primären Zweck der Schule, bei dem es darum geht, dass die Kinder die Grundkompetenzen wie Lesen, Schreiben und Rechnen erlernen, damit sie in einer modernen Gesellschaft Chancen bekommen.[6] Mit der Primar- und der Sekundarschule ist dieser Prozess im Prinzip abgeschlossen. Das Problem ist, dass sich immer weniger Kinder und Eltern in dieses traditionelle System einfügen können, weil die Ansprüche an eine Individualisierung alle Bereiche der Gesellschaft durchdrungen haben. Das Problem taucht dann auf, wenn mit den traditionellen Mitteln von Befehl und Kontrolle versucht wird, den primären und den übergreifenden Sinn der Schule zu erfüllen. Beides funktioniert immer weniger, weil die Individualisierung einem Auseinanderdriften gleichkommt, bei dem sich die Frage stellt, was die Schule und den

---

6 Studien zeigen, dass die Chancen in einer Gesellschaft, der Armut zu entkommen, mit jedem absolvierten Schuljahr steigen. Es hat sich so etwas wie ein Standard von neun bis zehn Jahren etabliert. Für viele Kinder und Familien ist dies global gesehen ein grosses Problem, dort hinzukommen. Vgl. zusammenfassend Banerjee, A. V. & Duflo, E. (2012): Von Schulen und Klassen, in: dies.: Poor Economics. Plädoyer für ein neues Verständnis von Armut, Knaus: München, S. 103–142.

Unterricht zusammenhält. Innere und äussere Führung ist gefragt. Sowohl innere als auch äussere Führung orientieren sich am Sinn der Schule.[7]

Trotz dieses fundamentalen Wandels in Richtung Individualisierung bewegen wir uns in sozialen Gefügen, und dies gilt es auch für den Lernprozess der Schule zu nutzen. Trotz Individualisierung erfüllt sich Sinn also immer noch und immer noch nur in sozialen Zusammenhängen: im Klassengefüge, in Projekten, in Lern- und Arbeitsgruppen, in Teams und in Schulhauskulturen.

Sinnfragen führen so über das Individuum in die Gemeinschaft zurück. Sinn ist der Beitrag zur Gemeinschaft. Er bildet die Spuren, die wir hinterlassen. Wer die Frage nach dem Sinn stellt, weckt eine Sehnsucht in den Menschen, und die geweckte Sehnsucht wirft Folgefragen auf:

→ Wie gehen wir mit dem gefundenen Sinn um? Wie kommunizieren wir ihn?
→ Wie müsste dann konsequenterweise unser Unterricht – dem Sinn entsprechend – aussehen?

Die kreative Spannung des Sinns

Die kreative Spannung entsteht aus der Akzeptanz der Realität und dem gefundenen Sinn. Der Sinn einer Schule steht meistens in einer gewissen Spannung zur gelebten Realität. Aus der kreativen Spannung entstehen oftmals emotionale Spannungen. So tauchen zum Beispiel Versagensängste auf: Schaffe ich es, den Sinn der Schule umzusetzen? Kreative Spannung ist gerichtete Energie, die eingesetzt werden kann, wenn die Bedingungen dazu gegeben sind: verbindliche Gruppenprozesse, Präsentationen und professionelle Rückmeldungen, die das gegenseitige Lernen ermöglichen, die Gemeinschaft sichern und das Individuum stärken.

---

7   Zum Thema Führung siehe auch das Kapitel über Führung.

Da der Sinn unsichtbar ist, ist es hilfreich, ihn sichtbar zu machen, damit er handelnden Personen dienen kann und sie dem Sinn dienen können, damit er sich manifestieren und seine Kraft bewusst entfalten kann. Hier ein paar Beispiele von Schulen, die ihren Sinn herausgearbeitet haben:

Der Sinn der Schule ist es ...
- ... ein Ort zu sein, an dem sich die Kinder und alle Mitarbeitenden zu selbständigen, verantwortungsvollen und konfliktfähigen Menschen entwickeln können.
- ... Schülerinnen und Schüler zu wertvollen Mitgliedern der Gesellschaft zu befähigen.
- ... Menschen zu Glück und Selbstbestimmung hinzuführen, sodass sie den Anforderungen der Welt gestaltend begegnen können.
- ... die Persönlichkeit und die Gemeinschaft zu stärken und Freude am Lernen zu ermöglichen.
- ... ein Ort zu sein, an dem die Menschen lernen, persönlich Verantwortung zu übernehmen.

Die evolutionäre Entwicklung des Sinns der Schule

Seit der Erfindung der Schule ist der Sinn der Schule mit der gesellschaftlichen Entwicklung über die Jahrhunderte hinweg evolviert. In den Klosterschulen des 16. und 17. Jahrhunderts bestand der Sinn der Schule in der Vervollkommnung des Menschen zum Ebenbild Gottes. Dies versuchte man dadurch zu erreichen, dass man den Klosterschülern das Lesen der Bibel beibrachte, in der steht, wie Gott ist.

Die Entwicklung und Ausbreitung der Lese- und Schreibfähigkeit geht Hand in Hand mit der technologischen Revolution, der Erfindung des Buchdrucks.

Mit der Aufklärung im 18. und der Entwicklung des Bildungssystems im 19. Jahrhundert verändert sich der Sinn der Schule radikal. Der Sinn der Schule besteht nun darin, über die Vermittlung von klassischen Werken den Zugang zur Welt zu schaffen. Ein Bildungskanon differenziert sich aus. Der Sinn der Schule besteht nun darin, Allgemeinwissen zu vermitteln.

Alle sollen im Geiste der Industrialisierung das gleiche Wissen erhalten und damit dem System dienen.
Mit dem Abschluss der Ausdifferenzierung des Schulsystems im 20. Jahrhundert wird der Sinn der Schule reflexiv und das Lernen selber wird ins Sinnzentrum der Schule gerückt. Lernen lernen ist angesagt.

Sinnmissverständnisse klären

Als ich kürzlich mein Modell an einer Hochschule präsentierte, sagte ein Kollege, dass es für ihn die Hölle wäre, in einer sinnorientierten Organisation zu arbeiten. Er müsste sich dann ja daran ausrichten, und alle seine Handlungen müssten sinnvoll sein. – Wer in einengenden Organisationsstrukturen wenig sinnvolle Regeln befolgen muss und intransparenten Organisationsabläufen ausgesetzt ist, für den mag eine sinnorientierte Organisation als zusätzliche Bürde erscheinen.

Natürlich ist mit Sinnorientierung ein Anspruch verbunden. Es ist der Anspruch, die Handlungen auf den organisationalen Sinn hin abzustimmen und sich immer wieder an einem, wenn auch grob definiertem Sinn zu orientieren. Dem Anspruch geht die Anstrengung voraus, sich der Frage „Was willst du wirklich?"[8] zu stellen und diese für sich und in einem gemeinsamen Prozess für die Organisation zu beantworten. Selbstverpflichtung, Selbstorganisation und Selbstverantwortung sind anstrengend.

Gleichzeitig sind mit Sinnorientierung einige Missverständnisse verbunden, die ich gerne aus dem Weg räume, damit Menschen klarer entscheiden können, ob dieses Konzept für sie ein anderer Weg sein könnte, als er im gegenwärtigen Schulsystem vorgesehen ist.

---

8 Der österreichisch-amerikanische Philosoph und Begründer der New Work Bewegung Frithjof Bergmann stellte diese Frage in einer vertiefenden Verdoppelung: „Was willst du wirklich wirklich?" – Ich belasse es hier beim wirklichen Wollen.

Sinnorientierung bedeutet nicht, dass ich den ganzen Tag während meiner Arbeit gebannt auf „den Sinn" dessen schaue, was ich gerade tue. Die Orientierung am persönlichen und organisationalen Sinn gibt einerseits einen starken Fokus darauf, was man „Commitment" nennt. Ich werde es nicht immer erreichen, und es wird mir nicht immer gelingen, meine Arbeit in Übereinstimmung mit dem Sinn zu bringen, den ich einer Arbeit gebe. Oft arbeiten wir auch an Dingen, die nicht direkt mit dem übergeordneten Sinn verbunden sind, jedoch indirekt dem Sinn dienen. Wenn ich zum Beispiel jetzt am Computer sitze und diese Zeilen in die Tasten tippe, arbeite ich auch nur indirekt daran, andere Menschen zu stärken und zu ermutigen. Eine längerfristige Perspektive ist zentral für eine „Arbeit mit Sinn", denn Menschen zu inspirieren und zu stärken, bewirkt keine schnellen Effekte. Menschliche Entwicklungen brauchen Zeit, und nachhaltige Entwicklungen, die den Menschen dienen, noch mehr. Auch wenn Entwicklungen manchmal sprunghaft verlaufen, sei es, weil ein tipping point (Kipppunkt) erreicht ist (was sehr selten geschieht), sei es, weil Entwicklungen des Bewusstseins, des Denkens und des Handelns tatsächlich in Sprüngen, und nicht linear verlaufen – wer einen genügend langen Atem mitbringt, wird nachhaltige Entwicklung erleben können.

Zurück zum Sinn. Die Arbeit in Schulen und anderen Organisationen zeigt mir immer wieder, wie hilfreich die Orientierung an Sinn ist. Der Sinn zum Beispiel, „dass die Menschen lernen, Verantwortung zu übernehmen", fungiert wie eine starke Linse, durch die die Probleme, Herausforderungen und täglichen Arbeiten betrachtet werden können. Er liefert den Menschen ein gutes Werkzeug in die Hand, Entscheidungen klarer und einfacher zu treffen. Dient das, was ich jetzt gerade tue, meinem persönlichen Sinn oder dem Sinn des Unternehmens? Der Sinn als starke Linse, eine grosse Entlastung.

Und wie hängen jetzt der Sinn der Schule und mein persönlicher Sinn zusammen? Meine Erfahrung ist, dass der allgemeine Sinn der Schule offen formuliert sein kann und dieser eine persönliche Zuspitzung erlaubt und für die persönliche Ebene sogar hilfreich ist. Ich kann also den allgemeinen Sinn „Menschen zur Verantwortung zu führen" für mich selber so zuspitzen, dass ich für mich formuliere: Der Sinn meiner Arbeit (zum Beispiel als Führungsperson), mit den mir anvertrauten Personen, seien es Schüler, Lehrer oder Mitarbeiter, eine tragfähige Arbeitsbeziehung aufzubauen. Dies braucht Zeit, aber damit schaffe ich eine Grundlage, auf der alle im System beteiligten Personen Verantwortung übernehmen können (jedenfalls fällt es dann viel leichter und ermutigt die Menschen, Verantwortung zu übernehmen).

In der heutigen Arbeitswelt bewegen und arbeiten wir meist in Teams, sodass diese Ebene ebenfalls beachtet werden muss. Für die Sinnorientierung bedeutet dies, dass auch auf der Ebene des Teams ein Sinnfindungsprozess benötigt wird. Dabei spielen Beziehungen eine wichtige Rolle. Wer sich kennt, kann besser zusammenarbeiten. Sonst ist die Gefahr, dass auf einer oberflächlichen Ebene gestritten wird, gross. Meine Erfahrungen zeigen jedoch, dass arbeiten mit Sinnorientierung in Teams viel Energie freisetzt und der gewonnene Spielraum einlädt, sich kreativ und verantwortungsbewusst mit der Umsetzung des Sinns in der täglichen Arbeit auseinanderzusetzen und Ideen zu generieren, wie der Sinn immer wieder und immer wieder neu gelebt werden kann. Gerade in Schulen, die es gewohnt sind, einerseits Vorgaben aus der Bildungspolitik mehr oder weniger engagiert umzusetzen, zeigt sich, dass die ursprüngliche Kreativität und das Engagement des pädagogischen Berufs reaktiviert werden können, wenn den Lehrpersonen die Verantwortung für die Umsetzung des Sinns, der gemeinsam erarbeitet und gefunden wurde, übergeben wird.

Die Menschen leiden gemäss des Philosophen Frithjof Bergmann an einer „Armut der Begierde". Damit meint er, dass die Menschen am Arbeitsplatz aufgehört haben, sich zu fragen, was ihre Arbeit soll und was sie sich von ihrer Arbeit wünschen. Sinnorientierung ist die Einladung, diese Armut zu überwinden. Einmal überwunden, kehrt eine grosse Kraft und Überzeugung in die Arbeit zurück. Der Sinn entschleunigt und beruhigt, weil er innerlich und äusserlich Orientierung gibt. Was richtet mich innerlich und äusserlich auf? Wie sehen also die Unterstützung und die Ermutigung aus, die es ermöglichen, dieses wirkliche Leben zu leben, diese unterscheidbare Arbeit, die den Sinnunterschied ausmacht, auszuführen?

Sinn als schulische Entwicklungsaufgabe

Jede Schule kann ihren eigenen Sinn entdecken und entwickeln. Dies zu tun, ist die Aufgabe der Menschen, die an der Schule tätig sind. Es sind dies die Lehrpersonen, die Schulleitungen, die Behördenmitglieder, Vorstände, vielleicht auch die Schülerinnen und Schüler und die Eltern. Diesen Prozess gehen die einzelnen Schulen unterschiedlich an. Die einen entscheiden sich, diesen Entwicklungsschritt mit den Eltern und den Kindern und Jugendlichen zu gehen. Die anderen nutzen den gemeinsamen Raum, der den an der Schule Arbeitenden zur Verfügung steht, um sich in das Thema Sinn zu vertiefen. Dies kann anhand der folgenden drei Fragen geschehen:
→ Was will ich wirklich für mich persönlich?
→ Was will ich anderen Menschen innerhalb und ausserhalb der Schule ermöglichen oder geben?
→ Welches ist der tiefste Sinn der Schule, den wir in die Welt tragen können?

Bei Sinnfindungsprozessen mit Schulen taucht immer wieder die Frage auf, ob sich der Sinn der Schule auf die jeweilige Schule bezieht oder ob der Sinn der Schule global verstanden werden muss. Ich glaube, dass es um beides geht. Zum einen taucht der spezifische Sinn der Schule an einem bestimmten Ort auf und mit den Menschen, die zusammenarbeiten und sich mit diesen grundlegenden Fragen beschäftigen und vertieft auseinandersetzen. Zum anderen gibt es auch eine übergeordnete Verbindung zwischen diesen Sinnhorizonten. Ohne auf die spezifischen Formulierungen einzugehen, zeigen sich doch übergreifende Muster, die das Individuum, die Gemeinschaft und die inneren Prozesse von Lernen, Verantwortung und Kreativität aufscheinen lassen.

Es ist interessant zu sehen, dass keine Schule ihren Sinn nur im Vermitteln von Stoff oder im Unterrichten von bestimmten Fächern sieht. Was schulischer Alltag ist und oft in Kämpfen über die Wichtigkeit eines bestimmten Faches verlorengeht, erscheint auf dieser tieferen Sinnebene als eine Möglichkeit zur gemeinsamen Orientierung. Gerade aus dieser Spannung zwischen Alltag und Sinnorientierung entsteht diese kreative Spannung. Die kreative Spannung ist ein Schlüssel für die Entwicklung einer

Organisation, und der gemeinsame Prozess der Sinnfindung liefert den Orientierungspol für die Arbeit im Kerngeschäft Unterricht.

Kürzlich hat mich in einer Schule nach dem Sinnfindungsprozess eine Lehrperson gefragt, welche Forderungen nun mit dem Sinn verbunden seien, den wir nun gefunden hätten. Ich musste lange über diese Frage nachdenken und als ich das nächste Mal mit dem Team zusammenkam, konnte ich (nach Rücksprache mit dem Leitungsgremium) sagen: „Es gibt lediglich eine Forderung, die mit dem von euch gefundenen Sinn verbunden ist: sich selber ernst zu nehmen." Das sind viele von uns nicht gewohnt, da es ihnen im Laufe der Jahre abtrainiert wurde. Ich glaube aber, dass diese Forderung eine existentielle Dimension des Menschlichen berührt, die es lohnt, genauer angeschaut zu werden. Es geht darum, mich selber ernst zu nehmen, indem ich Verantwortung für mich selber übernehme. Sinn geklärt – und was nun?

Im Anschluss an den Prozess der Sinnfindung kann die Frage gestellt werden, welches der nächste sinnvolle Schritt für das Kollegium ist. Welches Problem mit dem gefundenen Sinn angegangen werden will. Dabei geht es weniger darum, zu sagen, was man tut, sondern mehr darum, welcher Vorteil beziehungsweise welcher Wert daraus entsteht. In kleinen Gruppen können beispielsweise Glaubenssätze hinterfragt und besprochen werden. In diesem Prozess verschiebt sich mit der Zeit der Fokus weg von Pflichterfüllung hin zu kollegialer Verantwortung.

Das ist ein Lernprozess, der mit Entwicklungsaufgaben verbunden ist, die nicht abgehakt, sondern erforscht und gelebt werden wollen. Darum geht es im nächsten Kapitel.

2 Entwicklungsaufgaben

Zum Prozess des Lernens gehört, sich des Lernens bewusst zu werden und zu verstehen, dass Lernen immer auch Entwicklungsaufgaben beinhaltet.[9] Schrittweise können sich die Schulen, die ihren Beitrag zur Gemeinschaft geklärt haben, daran machen, zu überlegen, was sie von tradierten Gewohnheiten weiterpflegen, welche sie stoppen und damit loslassen wollen. Viele didaktischen Gewohnheiten können verabschiedet werden, wenn wir die Sinnfrage geklärt haben. Was ist Lernen? Lernen ist ... frei, mutig und kreativ. Schön, berührend und motivierend. Erkenntnisreich, klar und überraschend. Chaotisch, wild und offen ...

Als Schulleiter hatte ich oft mit sogenannten schwierigen Kindern zu tun. Eine Frage stellte ich ihnen immer, wenn sie in meinem Büro standen: „Warum gehst du zur Schule?" Und ich erhielt immer die gleiche Antwort: „Um zu lernen." Und als Lehrperson kann ich mich fragen: Hatte ich heute mit einem Kind (oder mit mehreren Kindern) einen relevanten Dialog über sein (bzw. ihr) Lernen? Wo stehst du in deinem Lernprozess? Was ist dein Lernfeld, Herausforderungsfeld, Angstfeld? Ich schreibe dies auch vor dem Hintergrund, dass viele Kinder nach der Schule nach Hause kommen und auf die Frage, was sie heute in der Schule gemacht haben, sagen: Nichts!

Die Fragen, die sich alle im Bildungssystem Tätigen in diesem Zusammenhang stellen können, lauten:
→ Was brauche ich, um gut lernen zu können?
→ Welche Führung (und/oder Begleitung) brauchen Lernprozesse?
→ Wie stelle ich mir einen Lernprozess vor?

Vom Genfer Entwicklungspsychologen Jean Piaget wissen wir, dass geistige Entwicklung (ohne diese per se mit Lernen gleichzusetzen) stufenweise vo-

---

9 Die Arbeit am Sinn der Schule ist eine solche Entwicklungsaufgabe. Diese Aufgabe am und mit dem Sinn ist gleichzeitig leicht und leicht zugänglich und anspruchsvoll und herausfordernd. Zur Schulung des organisationalen und individuellen Sinns siehe das vorangehende Kapitel.

rangeht und über die sensomotorische, die präoperationale Phase zu zwei operationalen Phasen verläuft. Dieser individualistischen Betrachtungsweise steht der Ansatz von Wygotski gegenüber, der betont, wie wichtig das soziokulturelle Umfeld für das Kind ist, will man es in die „die Zone der nächsten Entwicklung" führen. Es gilt folglich, ein Umfeld zu schaffen, das mit geeigneten Entwicklungsaufgaben den individuellen Lern- und Entwicklungsprozess unterstützt.[10]

Entwicklungsaufgaben im Unterricht

An didaktischen Entwicklungsaufgaben kann die zunehmende Abstraktionsfähigkeit und Zunahme von Komplexität besonders gut verdeutlicht werden. Beim folgenden Beispiel geht es um die Frage, was Energie sei. Darauf lassen sich unterschiedliche Antworten finden wie:
→ Energie ist etwas, das Menschen haben
→ Energie ist etwas, das Dinge haben oder verlieren
→ Energie hat etwas mit Bewegung zu tun
→ Energie ist eine Antriebskraft
→ Energie wird geschaffen
→ Energie kann übertragen werden

---

10 Michael Commons' Modell der hierarchischen Komplexität beschreibt diesen Entwicklungsprozess als Phasenübergang in drei Schritten. Diese führen über eine dekonstruktive Dialektik von der These a, der Antithese b, zu einem Entweder a oder b. Dekonstruktiv heisst diese Dialektik deswegen, weil sie die eine Position jeweils negiert beziehungsweise auslöscht: Entweder a oder b. Erst in der nächsten Phase des Lernprozesses kommt es zu einer konstruktiven Dynamik, die ein Sowohl-als-auch ermöglicht: a und b sind gleichzeitig möglich. Erste Synthesen des Zusammendenken und Handelns werden möglich, auch wenn diese zuerst noch unkoordiniert ablaufen und von zufälligen Erfolgen und Fehldiagnosen gekennzeichnet sind. Der Entwicklungsprozess verläuft zunehmend erfolgreicher und stabilisiert sich schliesslich zu einem neuen Gleichgewicht, der Ausgangspunkt für neue Thesen sein kann. Vgl. Michael Commons: Introduction To The Model of Hierarchical Complexity And Its Relationship To Postformal Action, in: World Futures, 64: 305–320, hier: 313.

An diesem Beispiel wird sichtbar, dass die Ideen über Energie eine Erklärung über die Weltsicht derjenigen macht, die die Idee formulieren. Diese Ideen können alternativen oder wissenschaftlichen Konzeptionen folgen. Gleichzeitig entsteht eine Entwicklungsdynamik, die an die symmetrisch-asymmetrische Beziehung zwischen Lehrenden und Lernenden gekoppelt ist, die ein individuell-iteratives Vorgehen verlangt und den Ansprüchen von Praxisforschung genügt. Dieser Entwicklungsprozess der Geburtshilfe kann als Spiralprozess verstanden werden, der sich am existierenden Wissen orientiert und im Laufe der Lernaktivitäten das neu gewonnene Wissen aufnimmt, um die Lernsettings neu zu kalibrieren.[11] Weitere Beispiele für Entwicklungsaufgaben sind:

→ Was ist eine gute Beziehung? (C. Armon)
→ Was ist gute Arbeit? (C. Armon)
→ Was ist Korruption? (E. Fein & J. Weibler)
→ Was ist ein gutes Leben?
→ ...

Aufgabe und Verantwortung

Als ich neun Jahre alt war, schenkte mir meine Grossmutter eine alte Armbanduhr. Sie funktionierte nicht mehr und ich konnte damit machen, was ich wollte. Meine Idee war, die Uhr auseinanderzunehmen und wieder zusammenzusetzen. Gespannt löste ich die Schrauben auf der Rückseite der Abdeckung, neugierig auf das Innenleben, das sich mir enthüllen würde. Es dauerte nicht lange, und das ganze Innenleben der Uhr lag vor mir: entspannte Federn, immer noch kleinere, ehemals ineinander verzahnte Rädchen und weitere Teilchen, die ich nicht einmal benennen konnte. Schon mein erster Versuch, die Uhr wieder zusammenzusetzen, scheiterte kläglich. Weitere Versuche blieben ebenso erfolglos und steigerten meine Frustration darüber, dass die Aufgabe, die ich mir gestellt hatte, eindeutig

---

11 Vgl. dazu z. B. Theo Dawson (2004): „Good Education Is ..." The Development of Evaluative Thought Across the Life Span. Genetic Social and General Psychology Monographs 130(1):4-112. March 2004.

zu schwer war. Ein paar Jahre später hingegen fand ich in einem Keller ein altes Fahrrad, das ich souverän in Schwung bringen und an den Fahrradhändler im Dorf verkaufen konnte, der mir dafür einen schönen Batzen Geld gab.

Einmal erfolgreich, einmal gescheitert, aber beides in Eigenregie. Anders sieht es aus, wenn wir Aufgaben von unserem Lehrer, von unserer Lehrerin bekommen.

Die Kinder sollen einen Aufsatz schreiben. Nehmen wir an, der Lehrer hat für die Klasse einen altersgemässen Auftrag formuliert, der Aufsatz sollte von Tieren handeln, die den Kindern nahe sind. Trotzdem erfüllen die meisten Kinder einfach die Aufgabe, ohne die Verantwortung für ihren Text zu übernehmen und ihn zu etwas Eigenem zu machen. Sie wollen möglichst schnell fertig sein und nicht einen besonders guten Text schreiben. Was tun? Wie bringt man die Kinder (oder auch Erwachsene) dazu, für eine Aufgabe auch die Verantwortung zu übernehmen?

In der Schule gibt die Lehrperson oft Aufgaben, aber keine Verantwortung ab. Verantwortung abgeben, heisst Macht und Kontrolle abgeben. Die Lehrperson entscheidet, was das Kind will und nicht will. Die Kinder sollen Aufgaben für die Lehrperson erfüllen. Dabei: Sich selber Aufgaben zu stellen, und für die Ausführung der Aufgabe selber die Verantwortung zu tragen, vermeidet viele Probleme, die eben mit dieser Trennung von Aufgabe und Verantwortung zusammenhängen. Da Kinder in den allermeisten Fällen kooperieren, fällt es nicht sonderlich auf, dass die Aufgaben für die Lehrerin gemacht werden, obwohl dies meistens so ist. Sie ist ja auch diejenige, die einen bestraft, wenn man die Aufgabe nicht erledigt hat. Das ist wohl auch der Grund, warum sich Kinder keine Gedanken über die Art der Aufgabe machen, da sie wahrscheinlich davon ausgehen, dass die Lehrperson auch kein wirkliches Interesse an den Aufgaben hat. Dies verändert sich radikal, wenn die Kinder beginnen, sich selber Aufgaben zu stellen. Natürlich verschiebt sich damit der Fokus von der Lehrperson hin zu den Kindern. Diese stehen im Zentrum, nicht mehr die Lehrperson.

Zu einer neuen Kultur der Verantwortung an der Schule gehört es, dass sich Kinder zunehmend selber Aufgaben stellen und die Erwachsenen ihnen die Verantwortung dafür lassen. Dies erfordert einerseits Geduld (also Zeit) und liebevolle Begleitung. Andererseits, und zunächst mag das paradox klingen, ein erhöhtes Empfinden der Lehrperson dafür, was sie, die Lehrperson, wirklich will; nur wenn sie sich sorgfältig damit auseinandersetzt, was sie mit den Kindern zusammen erreichen will, kann sie den Kindern Verantwortung abgeben.

Fragen zu stellen, auf die die Lehrperson die Antwort bereits weiss, ist das pure Gegenteil: Die Kinder spüren sehr genau, ob selbstständiges Denken wirklich gefragt ist, ob man ihnen zutraut, Verantwortung für ihr Denken zu übernehmen. Wenn die Schule aufhört, Fragen zu stellen, auf die sie die Antwort bereits weiss, dann ist schon ein grosser Schritt getan. Und damit meine ich auch, aber nicht nur die Osterhasenpädagogik, bei der die Lehrperson das Wissen versteckt und die Kinder es finden müssen.

Reflexion:
- → Für wen machen die Kinder die Aufgabe? Für sich, für die Lehrperson oder für sonst jemanden?
- → Werden die Kinder mit der gestellten Aufgabe lediglich verantwortlich gemacht oder fühlen sich die Kinder wirklich auch verantwortlich?
- → Woran kann ich erkennen, dass Aufgabe und Verantwortung kongruent sind?

Hier ein Beispiel zur Verdeutlichung des Unterschieds zwischen Aufgabe und Verantwortung. Es gibt Schulen, wo es Praxis ist, dass Kinder die Tests von ihren Eltern unterschreiben lassen müssen und den unterschriebenen Test wieder in die Schule bringen müssen.

Ein Schulleiter, mit dem ich gearbeitet hatte, erzählte mir, dass sie einige Schwierigkeiten mit diesem „Kind-bringt-ein-Blatt-nach-Hause-und-bringt-es-von-den-Eltern-unterschrieben-wieder-in-die-Schule-zurück"-System haben: Das Blatt geht verloren, die Eltern sind nicht zu Hause, die Eltern verlieren das Blatt usw. – Die Schule kam daraufhin zum Schluss, dass es weder die Verantwortung des Kindes noch die Verantwortung der Lehrperson ist, dafür zu sorgen, dass die Eltern sehen, was das Kind für eine Note erreicht hat. Der Lösungsansatz war: Alles, was die Eltern brauchen, ist zu wissen, wann Tests stattgefunden haben. So liegt die Verantwortung voll und ganz bei den Eltern. Sie liegt in der Eigenregie der Eltern, analog zu meinen Abenteuern mit Uhr und Fahrrad. Und wenn die Noten der Kinder die Eltern nicht interessieren? Auch dann ist es ihre Verantwortung und ihre Aufgabe.

3 Glaubenssätze und eine gemeinsame pädagogische Grundlage

Auf welcher Grundlage eine gemeinsame pädagogische Haltung erschaffen werden kann, zeigt als Negativfolie das folgende Bild:

Die Illusion vieler Unterrichtskonzepte, es nicht mit lauter Individuen, sondern es bei einer Klasse aus einer Menge von Immergleichen zu tun zu haben, die sich nur in der Leistungsfähigkeit unterscheidet, ist nur scheinbar überwunden. Jede und jeder muss sich fragen: Inwiefern prägt diese Illusion mein Handeln als Lehrperson, als Führungsperson, als Mensch? Wenn wir diese Illusion, die einem industriellen Denken entspringt, in Würde verabschiedet haben, können wir uns der Realität zuwenden. Es gilt zu fragen: Was brauche ich, um diese Illusion loszulassen? Welche Macht lasse ich damit los? Welche Verantwortung muss ich damit loslassen und den Individuen übergeben? Die Realität zu akzeptieren ist nicht immer schön, aber es befreit und schafft die Grundlage für einen Dialog über pädagogische Haltungen.

Eine Möglichkeit an einer gemeinsamen pädagogischen Haltung zu arbeiten, ist die Arbeit mit Glaubenssätzen. Glaubenssätze sind verfestigte Überzeugungen, die unser Handeln leiten. Diese können wir im Laufe eines Prozesses auflösen und passenderen Glaubenssätzen Platz machen. Einem grundlegenden Glaubenssatz begegne ich immer wieder (vor allem bei Kindern!): Das kann ich nicht! – Ich bin zu dumm. – Das schaffe ich nicht.

Unterschiedliche Denkweisen

Im Anschluss an die Arbeiten der amerikanischen Psychologin Carol Dweck, die die feste und die flexible Denkweise erforscht hat, stelle ich hier drei „Glaubenssysteme" und die entsprechenden Denkweisen und Glaubenssätze in der folgenden Übersicht zur Verfügung:

	feste Denkweise	flexible Denkweise	sinnorientierte Denkweise
Intelligenz	ist festgelegt	kann entwickelt werden	wird sinnvoll und zum Wohl des Einzelnen und des Gesamten eingesetzt
Herausforderungen	werden vermieden	werden ergriffen	werden überprüft und können als Chance gesehen werden
Hindernisse	sind ein Grund aufzugeben	werden trotz Rückschlägen beharrlich angegangen	bedeuten Rückschläge, aus denen man lernen kann
Anstrengungen	sind nutzlos	sind der Weg zur Meisterschaft	sind Bestandteil im Lern- und Entwicklungsprozess
Negatives Feedback	wird als nutzlos ignoriert	wird als Lernanlass genutzt	wird im Kontext gesehen und aufgenommen
Erfolg von anderen	ist eine Bedrohung, löst Neid aus	wird als Inspiration gesehen	zeigt, was andere geschaffen haben und wird eingeordnet
Leistung	erreicht ein bestimmtes Plateau	erhöht sich zunehmend	entfaltet sich den eigenen Stärken entsprechend
Weltsicht	determiniert	freiheitlich	kontextueller Beitrag für eine Welt mit mehr Möglichkeiten

Glaubenssätze sind Regeln oder Annahmen, die Menschen für wahr halten. Glaubenssätze basieren auf der Verallgemeinerung persönlicher Erfahrungen. Wir halten sie für selbstverständlich und wir gehen davon aus, dass sie für andere auch selbstverständlich sind. Glaubenssätze können nach Aussagen über Ursachen, die in der Vergangenheit liegen, nach Bedeutungen, die gegenwärtig sind und nach Grenzen und Möglichkeiten, die in der Zukunft liegen, eingeteilt werden. Glaubenssätze können sich auf die Welt beziehen, auf unser Verhalten, unsere Fähigkeiten oder unsere Identität und machen Aussagen darüber, was jemand (nicht) kann/darf/soll/muss/ ist oder wie sich Dinge und Menschen zueinander verhalten. Die Welt ist danach erklärt.

Wie lassen sich (die einst hilfreichen und überlebenswichtigen) Glaubenssätze aufweichen? Byron Katie hat uns ein sehr kraftvolles Instrument in

die Hand gegeben. Ich gebe hier den von ihr vorgeschlagenen, verblüffend einfachen Prozess wieder. Denken sie an irgendein Problem oder eine mit negativen Emotionen besetzte Situation, die wir mit einer Sache oder einer anderen Person haben. Und nun stellen Sie sich folgende Fragen:
→ Ist das (sc. das, was ich über diese Situation oder über diese Person denke) wahr?
→ Kann ich wirklich wissen, dass es wahr ist? Also kann ich ganz sicher sein, dass es wahr ist?
→ Wie reagiere ich, wie fühle ich mich, wenn ich diesen Gedanken denke?
→ Wer oder was wäre ich ohne diesen Gedanken? Wie würde ich mich ohne diesen Gedanken fühlen?

Und zum Abschluss drehen sie den Gedanken um. Das bedeutet, Sie formulieren ihn quasi mit entgegengesetzten Vorzeichen, wofür es oft mehrere Varianten gibt.

So hat eine Frau von ihrer Mutter gelernt: Um ein guter Mensch zu sein, akzeptiert, geliebt, angenommen, ein wertvoller Teil der Gemeinschaft, muss ich (immer) stark sein. Das lässt sich wie folgt umdrehen: Um ein guter Mensch zu sein, kann es sein, dass Du auch zwischendurch mal stark sein musst.

Ein konsequenter Exkurs: Glaubenssätze zum Thema Regeln

Die Regelklarheit ist eine wichtige Voraussetzung, damit Regeln eingehalten werden können. Dies bedingt bereits, dass diese einfach gehalten sind und von allen verstanden werden. Daraus kann ein Glaubenssatz abgeleitet werden: „Sinnvolle Regeln kommen nur dann zustande, wenn alle die gleiche Meinung dazu haben." Ist das hilfreich? Läuft dann der Prozess nicht auf einen unrealistischen Konsensualismus hinaus? Vielleicht liesse sich der Glaubenssatz wie folgt umformulieren: „Zielführende Regeln kommen nur dann zustande, wenn alle Beteiligten diese mittragen können." Und:

„Wenn die Schülerinnen und Schüler an der Regelsetzung beteiligt sind, dann ist die Chance höher, dass sie die Regeln auch einhalten."

Oft entstehen aus dem Wunsch heraus, dass Regeln eingehalten werden, Handlungsanleitungen im Sinne von: „Wir müssen die Regeln im Kollegium konsequent durchsetzen." Ich erinnere dann in Beratungsprozessen gerne daran, dass es selbst Eltern selten gelingt, Regeln konsequent durchzusetzen. Wie soll dies bei einem ganzen Team möglich sein? Vielleicht kann es dann helfen zu sagen: „Es ist nur sinnvoll, Regeln aufzustellen, wenn niemand bei einem Regelverstoss wegschaut." Und wenn ich keine Lust habe, den Schüler, der raucht, und die Schülerin, die das Schulareal verlassen hat, gesehen zu haben?

Dann kann an der Frage gearbeitet werden, was diejenigen, die eventuell wegschauen würden, brauchen, damit sie nicht wegschauen müssen!

Wenn hier von konsequent und Konsequenzen gesprochen wird, ist oft Strafe gemeint. Ich halte nichts von Strafen und vom Bestrafen. Wenn überhaupt eine Art von Strafe gewünscht wird, kann diese den Charakter von Wiedergutmachung haben. Also schlage ich den Glaubenssatz vor: „Wenn die Regeln von den Schülerinnen und Schülern nicht eingehalten werden, dann muss die Sanktionsart (Strafe) im Zusammenhang mit dem Vergehen stehen beziehungsweise eine Art der Wiedergutmachung sein."

Vererbte Glaubenssätze

Glaubenssätze können auch vererbt werden. Hier sind ein paar Beispiele für vererbte Glaubenssätze:

→ Wer Fehler macht, ist dumm.
→ Was Autoritäten sagen, ist wahr.
→ Schlussfolgerungen müssen logisch sein.
→ Ordnung hat Vorrang.
→ Schlagfertigkeit zählt.
→ Der Verursacher trägt die Schuld.

Welches von diesen Erbstücken kann ich am Leichtesten annehmen? Welches will ich unbedingt ausschlagen? Und wieso?

Am Ende der Schulzeit haben sich gewisse Glaubenssätze eingeprägt: „So ist die Schule!" So höre ich zum Beispiel von Kindern: „Die Schule ist langweilig. Es ist jeden Tag dasselbe." Diese Glaubenssätze beeinflussen unsere Lebensmuster und Verhaltensweisen. Diese Glaubenssätze wirken wie Mythen oder Dogmen, solange sie nicht bewusst gemacht und unhinterfragt weiterleben. Sie prägen unser Selbstbild und unsere Selbstwirksamkeit.

Wir können weitergehen und uns fragen, ob das auch die Maximen sind, die wir unseren Kindern vermitteln wollen. Ist es das, was die Kinder in der Schule erleben sollen? Woran sollen sich die Kinder erinnern, wenn sie an die Schule zurückdenken?

Wie könnten neue Glaubenssätze klingen? Wo sehen wir diese bereits ansatzweise? Welche wünschte ich mir?

Wir müssen also nicht nur Vererbtes weitertragen, wir können auch neue Glaubenssätze bilden. Und zum Beispiel auf das Lernen fokussierend: Was denken wir über Lernen? Wie passiert Lernen? Neue Glaubenssätze wären:
→ Kreativität ist erwünscht.
→ Lernen ist chaotisch.
→ Lernen geschieht in Sprüngen oder schleichend.

Und lassen Sie nun voll und ganz (das heisst mit Kopf, Herz und Hand) die folgende Frage zu: Lass in dir Erinnerungen an ein paar Menschen hochkommen, die Lehrer waren für dein Leben. Welche Geschenke haben sie dir gemacht?

Eine entwicklungsoffene untersuchende Denkweise des inquiry teacher

Mir ist wohl, wenn im Sinne der „Lehrperson, die untersucht" (inquiry teacher) ein neues Selbstbild entstehen kann. Zu diesem neuen Selbstbild als Lehr-, Lern- und Führungsperson gehört, dass ich in Bezug auf mich

selbst und auf die mir anvertrauten Lernenden eine Haltung einnehme, die auf folgenden Prinzipien beruht:
→ Selbstvertrauen in die individuelle Lernfähigkeit
→ Freude an der Problemlösung
→ Ein Gespür für Relevanz
→ Vertrauen auf ihr eigenes Urteil über andere Menschen oder die Gesellschaft
→ Keine Angst davor, falsch zu liegen
→ Keine Eile bei der Beantwortung von Fragen
→ Flexibilität in der Sichtweise
→ Respekt vor Fakten und der Fähigkeit, zwischen Fakten und Meinungen zu unterscheiden
→ Keine Notwendigkeit für endgültige Antworten auf alle Fragen und Trost darin, keine Antwort auf schwierige Fragen zu kennen, statt sich auf eine simple Antwort zu einigen

Dieser Haltung liegt die Gestalt des „inquiry teacher" zugrunde, der Lehrperson, die nicht alles schon im Voraus weiss, sondern die untersucht, erforscht und entdeckt.

Handlungsleitend für Lehr-, Lern- und Führungspersonen, die untersuchen, sind folgende Prinzipien:
→ Zu vermeiden, den Schüler*innen zu sagen, was sie „wissen" sollten.
→ Durch Zuhören und durch die Fragestellungen zu führen.
→ Zu akzeptieren, dass es keine kurzen, einfachen Antworten auf komplexe Themen gibt.
→ Zu ermutigen, direkt miteinander zu interagieren und zu vermeiden, zu beurteilen, was in den Interaktionen gesagt wird.
→ Nicht im Voraus die genaue Richtung des Unterrichts zu planen und ihn entsprechend den Interessen der Schüler*innen entwickeln zu lassen.
→ Den Erfolg durch Veränderung des Schülerverhaltens (mit den oben genannten Eigenschaften als Ziel) zu messen.

Verhaltenskodex als Selbstverpflichtung – Prinzipien fürs gemeinsame Lernen

Ein Verhaltenskodex dient als Selbstverpflichtung, bestimmten Verhaltensmustern zu folgen oder diese zu unterlassen und dafür Sorge zu tragen, dass sich niemand durch Umgehung dieser Muster einen Vorteil verschafft. Die folgenden Grundsätze können als Versuch verstanden werden, der zunehmenden Komplexität im individuellen und im kollektiven Lernen der postindustriellen Schule gerecht zu werden und Ausdruck zu verleihen:

→ Jedes Problem ist eine Einladung zu lernen und zu wachsen. Wir werden immer Lernende sein. Wir sind nie angekommen.
→ Scheitern ist immer eine Möglichkeit, wenn wir uns mutig für den Sinn unserer Arbeit einsetzen. Wir diskutieren unsere Misserfolge offen und lernen von ihnen. Diese zu verstecken und nicht aus ihnen zu lernen, ist nicht akzeptabel.
→ Rückmeldungen und respektvolle Konfrontation sind Geschenke, die wir miteinander teilen, um uns gegenseitig zu helfen, miteinander zu wachsen.
→ Wir fokussieren auf Stärken und weniger auf Schwächen; mehr auf Möglichkeiten als auf Probleme.

Grundsätze sind ebenfalls Selbstverpflichtungen. Es geht also dabei darum, dass ich mich daran erinnere, was ich wirklich will und diesen Willen in einen Satz zu packen. Die Fähigkeit und der Wille, sich selber zuzuhören, ist auch die Voraussetzung dafür, anderen zuzuhören.

Selbstverpflichtung bedeutet Disziplin als Fähigkeit, sich zu erinnern, was man wirklich will.

4 Entscheidungen treffen

In Organisationen werden dauernd Entscheidungen getroffen. Das macht Organisationen, zu denen auch Schulen gehören, aus. Und natürlich sind auch das Nicht-Treffen von Entscheidungen und das Verschieben von Entscheidungen (aus welchen Gründen auch immer) Entscheidungen, die, bewusst oder unbewusst, fallen. Organisationen sind vielleicht frei, in welcher Art sie Entscheidungen treffen wollen, aber nicht, ob sie Entscheidungen treffen.

Aber gehen Sie einmal in eine Schule, in eine Kindertagesstätte oder einen Kindergarten und fragen Sie, wie hier Entscheidungen getroffen werden! Erfahrungsgemäss beginnt dann das grosse Stottern und Rumdrucksen. Oder es wird auf Nachfrage hin versichert, dass hier Entscheidungen getroffen werden, mit denen alle (!) zufrieden sind. Nun gut.

Neben der Frage, ob jemand zu einer Organisation gehört oder nicht, macht das Entscheidungsthema die zweite existenzielle Komponente einer Organisation aus. Es ist darum erstaunlich, dass dieses Thema in der Literatur erst langsam und vor allem in der Praxis nicht mehr Raum bekommt. Immerhin zeichnen sich erfreuliche Neuentwicklungen ab; Ansätze, das Problem zu lösen, die sogar den Praxistest schon bestanden haben und einen Ausweg aus dem Dilemma von Top-down-Entscheidungen, demokratischen Prozessen und Konsensentscheidungen weisen.

Was sind nun die Vor- und Nachteile der erwähnten Modelle? Hier eine kurze Übersicht:

Top-down-Entscheidungen

Top-down-Entscheidungen sind Entscheidungen, die qua Funktion, Hierarchiestufe oder Kompetenz (im Sinne von Zuständigkeit) von einem Rollenträger in einer Organisation getroffen werden. Der Vorteil dieses

Entscheidungsmodus ist die Geschwindigkeit: Entscheidungen können schnell, meist unbürokratisch und unkompliziert getroffen werden.

Der Nachteil dieser Form zeigt sich mit zunehmender Komplexität und den Auswirkungen der entfernt vom Entscheidungsort getroffenen Entscheidungen. Top-down-Entscheidungen mangelt es an Fachwissen und an den notwendigen Informationen, sie können von vornherein keine „guten" Entscheidungen sein. (Siehe zu „guten" Entscheidungen den Abschnitt unten.) In diesem Entscheidungsmodus werden bei zunehmender Komplexität unserer Welt Entscheidungen getroffen, die an den Orten, wo sich die Entscheidungen auswirken, Kopfschütteln auslösen, der Amtsschimmel dazu wiehert. Wird der Effizienzgewinn, den man sich von einem Entscheid erhofft, durch die Praxisferne und durch den administrativen Überhang nicht gerade aufgehoben? Sodass immer weniger Menschen mit diesem Modus zufrieden sind? Diese Fragen zu beantworten, ist ein erster Schritt dazu, praxistaugliche und zugleich effiziente Entscheidungsmodelle zu finden.

Demokratische Entscheidungen

Die zweite, traditionelle Idee und Praxis, Entscheidungen zu treffen, ist der demokratische Prozess. Die scheinbare Einfachheit des Modus bringt viel Unbill und Verdruss mit sich. Denn es handelt sich im Kern um einen Machtprozess, bei dem eine Minderheit generiert wird, die verliert. Es geht deshalb im Vorfeld darum, einen politischen Kampf zu führen, um am Ende den Machtprozess für sich entscheiden zu können. Dies mag im politischen System seine Berechtigung haben (obwohl auch in der Politik die Unzufriedenheit über diese „harte" Entscheidungsfindung steigt und passende Modelle entwickelt werden, die jedoch noch nicht mehrheitsfähig (sic!) sind), aber für primär nicht-politische Entscheidungsfindungsprozesse, bei denen fachliche und menschliche Aspekte im Vordergrund stehen (ohne diese gegeneinander ausspielen zu wollen), ist das Demokratiemodell äusserst unbefriedigend. Die Minderheit fühlt sich nicht respektiert und/oder gesehen, und meist findet sie Mittel und Wege, Entscheidungen zu unterlaufen durch passiven Widerstand oder durch vordergründiges Mitmachen und innerer Abkoppelung bis zu innerer Kündigung. Dieser Effekt ist im Übrigen auch ein Nachteil der Top-down-Entscheidungen.

Konsensentscheidungen

Konsensentscheidungen bringen den grossen Nachteil von endlosen Diskussionen mit sich. Bei Konsensentscheidungen entscheidet dann leider nicht der „zwanglose Zwang des besseren Arguments" (Habermas), sondern eher diejenigen, die am längsten durchhalten können. Manchmal sind es auch Pseudo-Konsensentscheidungen, die die wahren Machtverhältnisse verdecken, und denen die Leute lediglich vordergründig zustimmen. Der ursprüngliche Gedanke, dass über Konsensentscheidungen die Nachteile von Demokratieprozessen, Minderheiten einbezogen werden können und sich alle einbringen können, geht weitgehend verloren.

„Gute" Entscheidungen treffen

„Gute" Entscheidungen leben vom Grundsatz, dass es nichts geben darf, das grundlegend gegen eine Entscheidung spricht. Grundlegend sind Dinge, die den Sinn und Zweck des Unternehmens, der Organisation unterlaufen, die dem Projekt widersprechen oder die das Unternehmen gefährden. Eine hilfreiche Anleitung, um „gute" Entscheidungen zu treffen, liefert der integrative Entscheidungsprozess (dazu die Übung „Struktur versus Prozess bei Entscheidungen").

Wer Entscheidungsprozesse im Rahmen des ganzen Unternehmens oder der ganzen Schule zur Disposition stellen will, kann die untenstehenden Grundsätze studieren, die auch schon in grossen Unternehmen praktiziert wurden. Voraussetzung dafür ist eine integre Leitung, die bereit ist, Macht abzugeben. Sie sorgt für weitestgehende Transparenz, weil sie davon ausgeht, dass Mitarbeitende auch mit sensiblen Informationen umgehen können. Und sie pflegt eine Unternehmenskultur, die die Mitarbeitenden in der Übernahme von Entscheidungen – und damit von Verantwortung unterstützt.

Um dies zu erreichen, kann man sich an folgenden Grundsätzen (nach Dennis Bakkes „Joy at work") orientieren:
- → Jede und jeder kann Entscheidungen fällen.
- → Bevor wichtige Entscheidungen getroffen werden, muss Rat eingeholt werden.
- → Kompetente Fachleute sind in den Entscheidungsprozess einbezogen.
- → Betroffene sind in den Entscheidungsprozess einbezogen.
- → Jede Entscheidung muss in Übereinstimmung mit dem Sinn, den Werten und den Richtlinien der Organisation getroffen werden.
- → Wer sich nicht an diese Grundsätze hält, wird gefeuert.

Entscheidungsprozesse zu gestalten, ist ein Führungsthema. Führung, die Entscheidungsprozesse im Bewusstsein ihrer Vor- und Nachteile gestaltet, ist verantwortungsvolle Führung. Darum geht es im nächsten Kapitel, denn Führung hat einen massgeblichen Einfluss auf den Grad von Verantwortungsübernahme im Unternehmen.

5 Verantwortungsvolle Führung

> *"Gestern habe ich deine Idee für falsch gehalten, heute leuchtet sie mir mehr ein als meine eigene."*
> Donatella Versace

Gelungene Führung ist verantwortungsvolle Führung. Verantwortungsvolle Führung ist authentische Ausstrahlung und empathische Einfühlung. Sie geht in Resonanz mit ihrer Umwelt und bleibt eigenständig. Sie verstärkt über Rückmeldungen das Selbst-Wissen, balanciert so die Selbst-Beziehung aus und stärkt das Verständnis über die Selbst-Strukturierung. Wie kann ich der ganzen Person, meinem individuellen Sinn und dem Sinn der Organisation dienen? Das ist die zentrale Frage der Führung.

Verantwortungsvolle Führung heisst aber auch: Die Verantwortung dort lassen, wo sie hingehört. So viel Verantwortung wie möglich beim Gegenüber zu lassen, damit dieses die Verantwortung übernehmen kann.

Nicht Druck, sondern Verbindlichkeit, klare Anforderungen und Beziehung sind die Prinzipien der neuen Führung. Dabei reflektiert die Führung auf sich selber: Wie lebe ich den persönlichen und organisationalen Sinn vor? Wie setze ich ihn in meinem Führungsalltag um? Welche Führungsgrundsätze ergeben sich aus meinem persönlichen Sinn? Welche Werte entsprechen dem Sinn? Kann ich darin Liebe, Wahrheit und Freiheit erkennen? Es braucht Mut und innere Ruhe, in Bezug auf diese drei Top-Werte Verbindlichkeit herzustellen. Es braucht Achtsamkeit, die Neugier für die Umsetzung wachzuhalten.

Früher dachte ich, dass Mut etwas damit zu tun hat, den sicheren Boden, die Komfortzone zu verlassen. Ich weiss nicht mehr, ob das stimmt. Ist es nicht vielmehr so, dass ich im Innersten schon weiss, was ich zu tun und zu sagen habe, um der Stärkung der Menschen zu dienen? Und dass es viel mehr darum geht, diese innere Verbundenheit mit mir selber herzustellen? Ich erinnere mich an das Referat, bei dem ich zum ersten Mal über die Liebe gesprochen habe. Über die Liebe, die es in der Schule braucht.

Brauchte ich Mut dazu? Wenn Mut haben bedeutet, etwas zu tun, was man nie zuvor getan hat, dann habe ich Mut gebraucht. Und Leben heisst: Immer wieder Dinge zu tun, die ich nie zuvor getan habe, weil ich weiss, dass Situationen sich verändern und Veränderungen erfordern, Neues zu tun. Weil ich weiss, dass ich mich in diesem Moment entscheiden kann, etwas anderes zu tun, etwas, das ich zum ersten Mal tue und zu merken, dass nichts Schreckliches folgt. Dass ich mir nur selber erlauben muss, das zu tun, was ich wirklich will.

Viele Jahre habe ich mit Experimentieren verbracht. Damit, herauszufinden, was passt. Jetzt weiss ich: Wenn ich im Moment ganz präsent bin, finde ich das, was passt. Klingt das aufwändig oder schwierig? Spannend und interessant ist es jedenfalls, und die gute Nachricht ist: Hat man sich einmal auf diesen Prozess eingelassen, dann bleibt es interessant und spannend!

Szenenwechsel. Schule XY. Der Kick-off für das Projekt lief gut an. Das Team erarbeitete in Gruppen, worum es bei der Einführung des neuen Lehrplans gehen sollte und auf welche Bereiche die Schule als Ganzes fokussieren will. Die abschliessende Frage lautete: Welches sind die drei wichtigsten Punkte für mein Team, die uns bei der Umsetzung des neuen Lehrplans weiterbringen? Aus den meisten Teams kamen konstruktive Rückmeldungen. Ein Team stellte sich auf den Standpunkt, es könne nicht darum gehen, dass sie alles selber erfinden müssten. Das Wichtigste sei, dass es Lehrmittel gebe, die den Anforderungen entsprächen, und dass diese auch entsprechende Lernaufgaben zur Verfügung stellten. Im Debriefing des Kick-off Workshops ging es darum, mit dem Führungsteam herauszuarbeiten, wo die Fallen für die Weiterarbeit liegen könnten. Sich selber auf die Suche nach geeigneten Lehrmitteln machen? Nein. Hilfe anbieten? Sehr zurückhaltend. Vielmehr das Team selber Lehrmittel suchen lassen? Und wenn sie keine geeigneten finden? Nun, dann ist es schade um die Zeit gewesen, aber Umwege erhöhen die Ortskenntnisse. Dann muss das Team sich überlegen, wie es weiterkommen will. Das ist nicht die Aufgabe der Führung.

Ich möchte die Verantwortung radikal dort verorten, wo sie hingehört. Erwünschte Unterstützung geben, aber keine unnötige Hilfe anbieten, um nicht in die Falle der Überverantwortung zu treten. Dazu gehört auch, dass

Menschen aus ihrer Komfortzone heraus- und in ihre Lernzone hineinkommen. Die Menschen sind gleichsam zu respektieren in ihrem Sein und auf ihrem individuellen Weg. Es geht darum, sie liebevoll und klar „in die Verantwortung" zu führen.

Inhalt und Prozess in der Führung

Nochmals Szenenwechsel. Die Aula war voll. In meinem Vortrag ging es um „Kopf, Herz und Hand des pädagogischen Handelns". Ich war etwa in der Hälfte des Vortrags angelangt, als eine Lehrerin aufstand, mich unterbrach und fragte, ob sie etwas sagen dürfe. Leicht irritiert bejahte ich. Das, was ich hier gerade erzählte, wüssten viele der Anwesenden bereits, und dass sie lieber zu Hause ihren Unterricht vorbereitet hätte. Ich liess mich nicht aus dem Konzept bringen und fuhr mit meinem Referat fort. Ich hatte dem reaktiven Impuls, auf die inhaltliche Ebene einzusteigen und in einen Disput zu geraten; dafür zu argumentieren, dass vieles von dem, was ich zeigte, sicherlich nicht schon gewusst sein konnte etc., nicht nachgegeben. Im Nachhinein kam ich zum Schluss, dass eine Antwort zum Beispiel so hätte aussehen können: „Das tut mir leid, dass Sie hier nichts Neues erfahren. Das stelle ich mir schwierig vor, wenn Sie gleichzeitig in diesem Vortrag und gedanklich auch zu Hause am Vorbereiten sind, aber vielleicht können Sie die Situation trotzdem für sich nutzen."

Das ist ein Beispiel für eine Antwort auf der Prozessebene. – Inhaltlich ist auch eine Antwort möglich: Und dann streite ich mit dieser Lehrerin darüber, ob ihre Aussage inhaltlich stimmt. Und das ist eine Sackgasse.

Auf der inhaltlichen Ebene ging es gleichwohl darum, dass die Schulführung zu definieren hatte, welche Ansprüche an den Unterricht gestellt werden. Über die Studien von John Hattie und andere wissen wir ziemlich genau, worauf wir beim Unterrichten achten müssen. Die wichtigsten Effektstärken können als Richtschnur für die Erfüllung eines guten Unterrichts gelten. Die Qualität des Unterrichts kann quasi als inhaltlicher Minimalstandard eingefordert werden. Auf dieser Grundlage[12] muss konsequenterweise auch der Prozess gestaltet werden. Diese empirische Prozessgestaltung beinhaltet (in Anlehnung an Working out loud und EduScrum[13]) folgende Elemente:

→ Transparenz: Die signifikanten Aspekte des Wissenserwerbs und der erreichten Ergebnisse werden sichtbar gemacht. Diese werden in Bezug zum personalen und/oder organisationalen Sinn gesetzt und auf die empirische Grundlage bzw. auf die erforderlichen Standards bezogen. Dabei geht es nicht darum, irgendetwas abzuarbeiten oder abzuhaken, sondern darum, Erkenntnisse im Team zur Verfügung zu stellen, die für alle einen Mehrwert sichtbar machen, also zu zeigen, was vorher noch nicht gewusst wurde. Diese Erkenntnisse umfassen die Summe der individuellen Lernergebnisse, den persönlichen Lernprozess (der Lehrperson) und die Ergebnisse des gemeinsamen Lernprozesses.

→ Zwischenberichte: Es erfolgen periodisch Zwischenberichte von allen Teams (oder auch von einzelnen Lehrpersonen). Diese Zwischenberichte beziehen sich auf die obigen Punkte und werden dem ganzen Team (oder Teilen davon) präsentiert. Jede Präsentation bekommt Rückmeldungen von anderen Peers und/oder Expert*innen. Dadurch wird das gegenseitige Lernen gestärkt und unerwünschte Abweichungen werden frühzeitig erkannt.

→ Anpassungen: Aus den Ergebnissen und den Rückmeldungen ziehen die Teams weitere Schlüsse, können Anpassungen vornehmen und den weiteren Verlauf des Prozesses (im Unterricht) planen.

---

12 Siehe dazu die seit 2004 bahnbrechenden Arbeiten des neuseeländischen Erziehungswissenschafters John Hattie „Lernen sichtbar machen" und „Lernen sichtbar machen für Lehrpersonen".

13 Vgl. zur Arbeitsweise von Working out loud die folgende Homepage mit hilfreichen Anleitungen und Materialien: https://workingoutloud.com/de/home/ und für EduScrum (auf englisch): https://www.eduscrum.nl [beide abgerufen am 7. Februar 2021].

Die Führung des Prozesses beim individuellen Lernen

Im Unterricht kann ebenfalls und immer zwischen Inhalt und Prozess unterschieden werden. Nehmen wir an, eine Schule habe sich auf den Sinn einigen können, jedem Kind so gerecht wie möglich zu werden. Dies bedeutet, auch auf der didaktischen Ebene zwischen Prozess und Inhalt zu unterscheiden und zwar folgendermassen: Der Unterricht müsste konsequenterweise (falls der Sinn ernst genommen und nicht einfach ein weiterer Papiertiger sein soll), so weit wie möglich auf das Lerntempo und den Lerntyp des einzelnen Kindes ausgerichtet sein. Auf der inhaltlichen Ebene bedeutet dies (aber diese unterscheidet sich stark nach Konzept der Schule), dass bestimmte Lernziele in einer bestimmten Zeit erreicht werden müssen. Der Inhalt (z. B. das Erkunden und Kennen des Zahlenraums bis 1000) ist also in diesem Fall gegeben. Wie dieses Thema erarbeitet wird, ist eine Frage des Prozesses. Traditionell ist dieser Prozess stark von den vorhandenen Lehrmitteln und Büchern abhängig, die zur Verfügung stehen. Aber dient das Lehrmittel oder das vorhandene Buch dem Sinn der Schule? Oft ist dies nicht der Fall, und es stellt sich die Frage, wie die Lehrperson auf diesen Umstand reagieren kann.

Neulich habe ich aushilfsweise für eine Lektion in einer 4. Klasse Grundschule unterrichtet. Die Lehrperson hatte mir den Stoff für die Lektion gegeben, die Aufgabe (der Inhalt) war klar. Die Kinder hatten im Mathebuch zu arbeiten. Es war die letzte Lektion am Tag. Zuerst fragte ich die Kinder, wie ihr Tag war – keine Reaktion. Dann meldete sich ein Junge und sagte: „Es ist jeden Tag das Gleiche."
 Dann erklärte ich den Kindern, dass in dieser letzten Nachmittagsstunde Mathe auf dem Programm stehe. Wir schlugen gemeinsam das Mathebuch auf und schauten uns die Aufgaben an. Was gilt es zu tun? Worin unterscheiden sich die Aufgaben? Sind dies eher leichte oder eher schwierige Aufgaben für dich? Was denkst du, wie viele dieser Aufgaben du in der dir zur Verfügung stehenden Zeiten lösen kannst?
 Jedes Kind musste sich überlegen, wie weit es wohl kommen würde bzw. wie weit es kommen wollte. (Was natürlich nicht ganz das Gleiche ist, aber es zeigte sich, dass die Kinder realistische Einschätzungen vorgenom-

men hatten, ernsthaft über die Aufgabe und ihre Fähigkeiten nachdachten und die meisten alle Aufgaben vor dem Ende der Zeit lösen konnten.) Jedes Kind konnte in seinem Tempo arbeiten, ab und an brauchte es eine Erinnerung an das selbstgesteckte Ziel, ein Mädchen half anderen Mädchen, die Aufgaben zu verstehen und erledigte nebenbei auch selber alle Aufgaben. Als sie ihre Aufgabe erledigt und selber korrigiert hatten, durften sie machen, was sie wollten. Die meisten wollten spielen oder etwas zeichnen. Ein paar Jungs begannen im Schulzimmer mit einem Ball zu spielen. Ich schritt sofort ein und sagte: „Hört zu, ich gebe euch gerne ein bisschen Spielraum, aber ich will nicht, dass etwas passiert mit dem Ball im Schulzimmer." – „Aber es ist ja gar nichts passiert!", sagten sie. „Ja, aber ich habe Angst, dass etwas passiert." – „Ok, dann können wir vielleicht draussen spielen?" Am Ende der Stunde hatte ich eine Zeichnung bekommen, eine Gruppe ausgetobter und zufriedener Jungs, und alle Aufgaben waren erledigt.

Im Grunde gibt es immer zwei Möglichkeiten, die sich beliebig miteinander kombinieren lassen, und beide sind sinnvoller als der Status Quo. Sie kann sich bei jeder Interaktion mit dem Kind fragen: Gehe ich mehr auf die individuellen Bedürfnisse der Person ein oder passe ich die Lernprozesse dem Kind an? In der folgenden Grafik habe ich versucht die beiden Möglichkeiten sichtbar zu machen:

Kind
→ Individuum/Person
→ Lernen/Lernprozess

Für die Entscheidung, ob auf die Lernebene oder auf die personale Ebene eingegangen wird, übernimmt die Lehrperson bewusst oder unbewusst immer die Verantwortung.

   Ob ich vom Individuum herkomme oder vom Lernen her, ist nicht entscheidend. Eine Entscheidung ist auch abhängig vom Geschmack der einzelnen Lehrperson. Entscheidend ist, dass ich über das Kind an den Lernprozess gelange oder über den Lernprozess das Kind erreiche. Ich habe fantastischen Unterricht gesehen, der hochgradig individualisiert war und bei dem die Kinder wunderbar in den didaktischen Settings lernen konnten, und ich habe ebenso tollen Unterricht von Lehrpersonen gesehen, die die Kinder für den Lerninhalt und fürs Lernen begeistert haben und die trotzdem die Bedürfnisse der Kinder als Personen berücksichtigt haben und so hervorragende Resultate erbrachten. Ich möchte das eine eher als die technische Seite und das andere eher als die menschliche Seite des Unterrichts bezeichnen, ohne die zwei Seiten gegeneinander auszuspielen. Die technische Seite betrifft die didaktische Kompetenz der Lehrperson und die menschliche Seite ihre pädagogische Kompetenz.[14]

Beide Seiten dieser Medaille haben mit der Führung des Prozesses zu tun. Und die Führung des Prozesses, sei es primär des Lernprozesses, sei es primär des persönlichen Beziehungsprozesses, entscheidet über das Gelingen und die Erfüllung des Sinns. Wir stehen heute an einem Punkt, an dem eine Seite der Medaille ihre eigene Kehrseite nicht mehr ignorieren kann. Grosse Pädagogen haben das schon immer verstanden, und von daher ist diese Erkenntnis auch nicht wirklich neu: Sie lässt sich allenfalls in klaren Hierarchien und „geregelten Autoritäten" leichter ignorieren. An einem bestimmten Punkt werde ich als Lehrperson nicht mehr weiterkommen mit dem, was ich gelernt habe. Ich stecke fest und spüre die Verzweiflung und Hilflosigkeit, die Unsicherheit und die Angst, dass mir die Führung entgleitet. Was tun? Die Angst lässt sich leichter überwinden, wenn ich weiss, dass ich dem Leben und den Kindern vertrauen kann. Ich werde nicht allein sein, die Kinder helfen mir bei der Führung.

Ein ständiges Wechseln in der Führung zwischen dem Fokus Prozess und dem Fokus Inhalt ist es, was mich als Lehrer zufrieden macht, die Kinder stärkt und den Lernprozess voranbringt – und dies ohne zusätzlichen Aufwand. Im Ernstnehmen des Prozessgeschehens liegt der Schlüssel zu einem lernförderlichen und kreativen Umgang mit Verantwortung. Nur wenn man den Prozess berücksichtigt, kann man Verantwortung im Sinne von Kapitel 5 „Verantwortungsvolle Führung" abgeben. Fundamental

---

14 In der Kombination von Person und Lernen erscheint dann die agile Didaktik, wie sie von Christof Arn entwickelt worden ist. Vgl. dazu sein Buch „Agile Hochschuldidaktik".

bezüglich des Themas Verantwortung ist jedoch, dass die Kinder nicht verantwortlich gemacht werden – im Sinne von beschuldigt und zur Verantwortung gezogen –, sondern dass sie sich verantwortlich fühlen. Dass sie in ihrer Autonomie, in der Entwicklung ihrer Fähigkeiten und in ihrer Beziehung zu sich selbst und zu anderen gestärkt werden. Und dass ich als Lehrperson es wage, ein kleines bisschen von meiner Macht abzugeben. Am Ende des Tages kann ich mich als Lehrperson fragen:

→ Welche Lernziele habe ich gefördert?
→ Haben die verfolgten Lernziele dem Sinn der Schule gedient?
→ Hat mein Handeln die Selbstwirksamkeit des einzelnen Kindes gestärkt?
→ Hat mein Handeln die Beziehung zu den Kindern gestärkt?
→ Gibt es Anpassungen, die ich für den weiteren Verlauf vornehme?

Übergabe von Verantwortung in der Führung

Bist du bereit, die Verantwortung für die Umsetzung des Sinns deinen Mitarbeitenden zu übergeben? Pierre holt mich am Bahnhof ab. Pierre ist der Präsident der Schule, mit der ich heute arbeiten werde. Wir fahren zusammen zur Schule. Die Aula ist mit den Tischen schon vorbereitet, damit siebzig Leute in den Worldcafés arbeiten können.

Wir stimmen uns auf den Morgen ein. Ich freue mich auf die Arbeit; Pierre erzählt, was er alles noch machen muss. Wir haben noch genügend Zeit, aber Pierre scheint unter Druck zu sein. Pierre scheint immer unter Druck zu sein. „Gestern habe ich meine Leute gefragt, wer die Moderation an den verschiedenen Tischen übernehmen könnte. Sie haben mir zehn Personen genannt, die das machen würden. Ich muss diese Leute vor dem Start noch ansprechen, ob sie das machen können. Und dann muss ich noch Material im anderen Schulhaus holen. Das ist keine grosse Sache ...", meint er. Ich: „Pierre, normalerweise mache ich es so, dass die Tische ihre Moderationsperson selber finden müssen. Das ist die erste Aufgabe in der Gruppe. Damit beginnt bereits der Prozess." Pierre ist erleichtert, als er das hört.

Wie unter Kindern wird auch unter Erwachsenen oft zu viel Verantwortung von der leitenden Person übernommen. Das verhindert die Übernahme von Verantwortung und verleitet zu übergrosser Passivität der Mitarbeitenden. Das ist unnötig, aber hat mit dem Selbstbild der Führungsperson zu tun. Die Führungsperson kann sich folgende Fragen stellen: Kann das, was ich mache, auch eine Gruppe selber entscheiden? Welche Orientierung braucht die Gruppe, damit sie das selber entscheiden kann? Dient die Entscheidungsfindung dem übergreifenden Sinn der Verantwortungsübernahme? Geht die Übergabe von Verantwortung auf Kosten von Effizienz und Effektivität oder bildet sie genau einen wertvollen Lern- und Entwicklungsschritt?

Es kann ein Druck sein, den ich als Führungsperson spüre, oder ein Unwohlsein, das mich auf einen Wertekonflikt aufmerksam macht. Es lohnt sich also, immer wieder zu fragen, wer wofür verantwortlich ist; wer welche Aufgabe hat; wer welche Kompetenzen, und ob diese drei Dinge in Balance sind.

Der Versuch einer Definition von Führung

„In Führung gehen" heisst für mich:
→ mich vorzustellen, zu sagen, was mir wichtig ist.
→ andere einzuladen, zu sagen, was ihnen wichtig ist.
→ andere einladen, sich mit ihren Themen einzubringen.
→ zu sagen, was ich brauche, um gut arbeiten zu können.
→ zu sagen, was ich vorhabe, und für was ich verantwortlich bin (für den Prozess, für die Atmosphäre).
→ auf die Bedürfnisse der anderen zu hören ... diese ernst zu nehmen und ... meinen roten Faden nicht aus den Augen zu verlieren (zwischen Prozess und fachlicher Hilfe hin und her zu wechseln).
→ (klärende) Fragen zu stellen, falls nötig.
→ Dinge zusammenzufassen.
→ nicht mehr als ein Thema gleichzeitig zu bearbeiten.
→ zu intervenieren, wenn das Thema verlassen wird.

- Ungewissheit auszuhalten.
- meine eigenen Meinungen und Vorstellungen zum Ausdruck zu bringen (Feedback geben).
- Entscheidungen herbeizuführen.

Oder kurz:
- mich als ganzen Menschen einbringen und aus meiner aktuellen Rolle heraus mit dem Gegenüber eine gemeinsame Sprache zu finden, um in Beziehung zu sein und die anstehende Aufgabe zu erfüllen.

Dabei ist Führung zugleich persönlich und nicht-persönlich. Sie nimmt Fähigkeiten und Potenziale auf verschiedenen Ebenen wahr. Sie schafft Raum für alle und setzt zeitliche, soziale und sachliche Grenzen, die Sicherheit geben. Es sind dies Grenzen und Möglichkeiten der Rollen, Grenzen und Möglichkeiten, sich einzubringen, auch die persönlichen Bedürfnisse und Grenzen und Möglichkeiten der jeweiligen Führungsperson. In ihrer „Weisheit" erspürt die Führung die Ganzheit einer Situation und weiss um den Sinn dieser Situation. Das Zulassen der inneren Ganzheit ermöglicht eine Antwort auf die Verschiedenheiten der Menschen, der Stimmen und die Möglichkeit, darauf mit Freundlichkeit, Offenheit, Mut und Entspannung zu reagieren. Abhängig von der inneren Situation wird die Antwort unterschiedlich ausfallen.

Über den sicheren Rahmen und für ein sinnvolles Miteinander

Als Führungskraft einen sicheren Rahmen zu schaffen, heisst, diesen Rahmen laufend zu kreieren. Mit zunehmender Erfahrung kann die Führungskraft die folgenden Punkte ins eigene Bewusstsein und in das Bewusstsein des ganzen Teams bringen:
- Im Hier und Jetzt präsent sein: die Voraussetzung für zunehmende Bewusstheit;
- in Verbindung mit dem Sinn sein: sich erinnern, was wirklich wichtig ist;

- → vertieftes Zuhören: was gesagt wird, mit welchen Gefühlen, mit welchem Energielevel und wie die Resonanz darauf ist;
- → sich öffnend als Ganzes einbringen: die eigene Kreativität und die Intuition zulassen und wertschätzen;
- → Respekt anderen gegenüber: anderen Perspektiven und Ideen gegenüber und sensibel gegenüber vertraulichen Informationen sein;
- → Bewertungen unterlassen: für neue Möglichkeiten offen sein;
- → das Ganze sehen: Lösungen in den Beziehungsmustern sehen;
- → dem Prozess und der Emergenz vertrauen: zum richtigen Zeitpunkt prototypisch handeln und entwickeln.

Und wenn das Ego übernimmt? Es hatte und hat eine Funktion. Das Ego hat eine homöostatische Funktion, die es dir ermöglicht, dich zu stabilisieren und dein (ideales) Selbstbild aufrechtzuerhalten. Das Ego hat auch eine Schutzfunktion und ist ein alter Mechanismus. Es ist legitim, sich zu schützen. Wenn es unangenehme Gefühle sind, die aufkommen? Nimm sie wahr. Sie werden vergehen, ohne dass du sie wegmachst oder loswerden willst. Bleib in der Gegenwart und beobachte, was innen und aussen passiert.

6   Rückmeldungen geben und nehmen[15]

> *„Eine lernende Person ohne Feedback ist wie ein Bügeleisen ohne Thermostat."*
> Ruth Cohn

Was ist Feedback und warum ist Feedback wichtig? Weil wir durch Feedback lernen und weil wir in Beziehungen lernen. Wir bekommen zum Beispiel Anerkennung, für etwas, das wir getan haben. Dabei ist Rückmeldungen zu bekommen meist schwieriger, als Rückmeldungen zu geben. Denn selbst die leiseste Kritik bringt uns in eine Verteidigungshaltung und kann alte reaktive Muster triggern. Ich verliere den Kontakt mit mir selber. Die Verbindung zwischen mir und dem Gegenüber wird gekappt. Reaktives Verhalten behindert unsere Fähigkeit, in herausfordernden Situationen souverän zu handeln. Wie schaffen wir es, neugieriger auf uns selber und die Wirkung auf andere zu sein und dabei in uns ruhend und präsent zu sein?

Um Rückmeldungen zu bekommen, können verschiedene Hilfen unterstützend wirken. Zum Beispiel

... aufzuhören, sich selber für die defensive Reaktion (rechtfertigen, abwehren, projizieren) zu beschuldigen.

... den Zusammenhang zu verstehen, in dem Feedback gegeben wird.

... sich selber zu beobachten, wie empfänglich ich in einem bestimmten Moment bin, Rückmeldungen zu bekommen.

... zwischen „Ich höre zu" und „Ich bin einverstanden" zu unterscheiden.

... die Rückmeldung neu auszurichten, so dass die Empathie wachsen und die Ressentiments schrumpfen können. (Der/die andere hat gute Gründe, das so zu sehen.)

... zu wissen, wann es sich lohnt, auf Rückmeldungen entsprechend zu handeln und wann nicht.

---

15   Viele Anregungen zu diesem Thema habe ich von Diane Musho Hamilton bekommen. Ich danke ihr an dieser Stelle dafür. Vgl. ihr Buch Everything is workable und Videos mit ihr auf youtube.

Auf der anderen Seite braucht es manchmal auch Mut, Feedback zu geben. Beim Feedback geben können Hilfen sein ...
- ... freundlich mit meinem eigenen Konfliktmuster umzugehen (Vermeidung, Anpassung, Konkurrenz).
- ... sich über die eigene Wahrnehmung zu freuen.
- ... zu erforschen, was mich hindert, die Wahrheit zu sagen.
- ... neugierig auf sich selber zu sein, wie die Rückmeldung ankommen wird.
- ... sich der eigenen Bewertungen bewusst zu werden.
- ... zu akzeptieren, dass Konflikte zum Leben gehören.

Die Befragung der eigenen Muster hilft zudem, den Bezug zu sich selber zu stärken. Also: Welche Art von Rückmeldung könnte erfolgen und welche Art würde dich warum ängstigen? Kannst du destruktive Tendenzen antizipieren und handhaben? Diese Befragung bedeutet: Verantwortung dafür zu übernehmen, wie ein Feedback ankommt. Die Verantwortung nicht auf denjenigen abzuschieben, der das Feedback gibt.

Verantwortung und Kontakt

Als Führungspersonen und als Lehrpersonen stehen wir in der Verantwortung, die Kontaktmöglichkeiten zu gestalten. Es geht darum, den Rahmen für verschiedene Kontaktmöglichkeiten zu setzen:
→ Welche Kontaktmöglichkeiten ermöglichen wir den Kindern und Jugendlichen untereinander?
→ Welche Kontaktmöglichkeiten ermöglichen wir den Lehrpersonen untereinander?
→ Welche Kontaktmöglichkeiten ermöglichen wir zwischen den Lehrpersonen und den Kindern?
→ Führen diese Möglichkeiten dazu, sich selber und andere besser zu spüren?
→ Führen diese Möglichkeiten dazu, dass eigene und gegenseitige Anerkennung möglich wird?

- → Stärken diese Möglichkeiten die Beziehungen zwischen den Menschen?
- → Stärken diese Möglichkeiten das Selbstvertrauen und das Selbstbewusstsein des Einzelnen und der Gruppe?
- → Stärken diese Möglichkeiten das Potenzial des Einzelnen und der Gruppe?
- → Stärken diese Möglichkeiten die Beziehung zur Umwelt?
- → Machen diese Kontaktmöglichkeiten sichere Abenteuer möglich?
- → Ermöglichen diese Kontaktmöglichkeiten Berührtsein?
- → Ermöglichen diese Kontaktmöglichkeiten Resonanzen?

Sich in einem Schulhausteam oder Unterrichtsteam Rückmeldungen auf die Arbeit und auch die Ergebnisse und Wirkungen der Arbeit zu geben, ist immer noch zutiefst ungewohnt, obwohl die Wirkung von Rückmeldungen auf die Wirkung von geleisteter Arbeit unbestritten ist.[16] – Verantwortungsvolle Mitarbeitende geben einander offen Rückmeldungen. Sie konfrontieren einander respektvoll, weil sie wissen, dass uns das im gemeinsamen Lernen unterstützt.

Das Lernen im Fokus

Die Rückmeldungen beziehen sich dabei immer mehr auf den Lernerfolg von Lernenden und immer weniger auf das, was Lernende wissen müssten. Man kann dies auch das Verschieben des Fokus auf Kompetenzen nennen. Aber immer geht es dabei ums Lernen. Vielleicht ein Lernziel: Mich selber als Lernenden im Lernprozess „realtime" zu beobachten. Auch darauf können wir bauen: dass die (zunehmende) Übereinstimmung von Selbsteinschätzung und Fremdeinschätzung den Lernerfolg, das Lernen, die Entwicklung befördert. Wenn Lernen im Zentrum steht, gibt es dann auch keine Fehler mehr, sondern stattdessen Lernprozesse. Fehler sind Chancen für Fortschritte im Lernprozess. Falls (negative) Beurteilungen dazukom-

---

16 Vgl. dazu z. B. die Studien des neuseeländischen Bildungsforschers John Hattie. Online lohnt sich ein Blick auf die deutschsprachige Seite visiblelearning.ch.

men, sind diese hausgemacht und damit veränderbar. In diesem Prozess kann ich mir selber immer mehr Vertrauen schenken.

Eine Feedbackkultur aufbauen

Jesper Juul, der dänische Familientherapeut und einer meiner Lehrer, erzählte einmal folgende Geschichte über Feedback. Er selber versuchte zu erklären, was Feedback ist und dass es darum gehe, eine gemeinsame Sprache zu entwickeln, bis ihn ein Teilnehmer des Seminars unterbrach und sagte: „Ah, jetzt verstehe ich! Feedback ist das, was wir nachher auf dem Nachhauseweg über dich sagen!" – Hier ein paar Richtlinien, um eine Feedbackkultur aufzubauen. Als Grundorientierung dienen Ken Wilbers vier Quadranten, die den inneren, nicht sichtbaren Bereich, den äusseren, sichtbaren Bereich, den individuellen und den kollektiven Bereich bezeichnen. Die vier Quadranten bilden eine systemische Einheit. Es gilt, alle Felder zu bespielen, wenn eine Feedbackkultur leben will.

	innen	aussen
individuell	Glaubenssätze Gedanken Gefühle OL	Persönlichkeit Verhalten Rollen OR
kollektiv	geteilte Werte und Normen Beziehungsmuster Beziehungen UL	Arbeitsorganisation Strukturen Prozesse UR

Eine Feedbackkultur aufzubauen, ist eine Führungsaufgabe. Die Erläuterungen zu den vier Quadranten (OL=oben links; OR=oben rechts; UL=unten links und UR=unten rechts) beziehen sich daher darauf, welche Verantwortung die Führung in diesem Prozess zu übernehmen hat.

Beginnen wir oben rechts. Die Führungsperson spielt die entscheidende Rolle für die Entwicklung einer Feedbackkultur. Mit ihrem Verhalten zeigt sie, was in dieser Organisation und in diesem Team möglich ist: was angesprochen werden kann (und was nicht); wie offen die Menschen zu einander sein dürfen; wie transparent die Personen sein können und was sie hinter dem Berg halten (wollen oder müssen). Immer spricht die Führungskraft mit ihrem Verhalten eine Einladung an andere aus. Was sie vorlebt, ist auch potentiell für andere möglich und erwünscht. Gleichzeitig kommt ihr die Rolle zu, unten rechts dafür zu sorgen, dass genug Zeit für Rückmeldungen zur Verfügung steht, dass die entsprechenden Zeitgefässe geschaffen sind und dass sie den Rahmen sichert, damit es nicht zu unnötigen Verletzungen/Abwertungen kommt. Mit anderen Worten: Sie sorgt für die regelmässige Umsetzung von Feedback in geeigneten Reflexionsräumen.

Unten links schafft sie Zugänge zu den (meist verdeckten) Glaubenssätzen und Wertvorstellungen, damit diese auf dem Tisch liegen und besprechbar sind. Als Einstieg kann der sogenannte Gruppencheck hilfreich sein. Meist kann ein vorliegendes Thema aufgegriffen werden, wie im vorliegenden Fall.

Das neu zusammengesetzte Führungsteam geht in eine zweitätige Retraite. Alle Mitglieder dieses Führungsgremiums haben sich für die Eingangsrunde auf folgende Fragen vorbereitet:

→ Wie kann ich der Organisation (wahlweise: dem Gremium, dem Team) dienen?
→ Was kann ich persönlich, fachlich und sozial zum Sinn und Zweck der Organisation beitragen?

Die Teammitglieder sind damit eingeladen, sich in einer ersten Runde mit einem „persönlichen Blatt" vorzustellen, sodass nachher klar ist, mit wem man es zu tun hat, was in der Zusammenarbeit zu beachten ist, was jemand mag und nicht mag. Nach jeder Vorstellung gibt es eine wertschätzende Feedbackrunde.

Bei jeder Sitzung gibt es eine „Check-in"-Runde, bei der alle Gelegenheit bekommen, zu sagen, wie sie sich gerade fühlen, was ihnen gerade das Wichtigste ist. Am Ende jeder Sitzung gibt es eine inhaltliche und prozessuale Reflexion über die Sitzung, die mit einer kurzen Phase der Stille eingeleitet wird, damit sich die Teammitglieder fokussieren können und Zeit haben, die Sitzung innerlich Revue passieren zu lassen.

Feedbacks zu Projekten, Resultaten und generellen Arbeiten sind ebenso eingeplant und folgen einer Struktur, die die Beantwortung dieser Fragen beinhaltet:

→ Was hat mir gefallen?
→ Was ist mir aufgefallen?
→ Was hat mir gefehlt?
→ Welche Fragen sind bei mir aufgetaucht?

Feedbackempfangende nehmen das Feedback (dankend) entgegen. Über das Feedback wird nicht diskutiert. Dies ist ein wichtiges Element für den sicheren Rahmen, der auch die Feedbackgebenden einlädt, offen zu sein, weil sie keine abwehrenden Reaktionen fürchten müssen.

Über das Geben und Nehmen von Rückmeldungen kann direkt das Potenzial des Teams verstärkt werden. In besagtem Führungsgremium wurden in der folgenden Sitzung auf folgende Fragen Antworten gegeben:

→ Was habe ich in meiner Rolle (in diesem Fall: aus der Retraite) gelernt?
→ Was glaube ich, dass das Führungsgremium (in diesem Fall: aus der Retraite) gelernt hat?

Natürlich ist die Beantwortung der zweiten Frage in gewissem Sinne hypothetisch, aber sie hilft, die gemeinsamen Vorstellungen (vgl. UL) sichtbar zu machen.

Dieser andauernde Prozess führt zu einer zunehmenden Öffnung, sodass die vier Quadranten immer leichter bespielt und belebt werden können.

Ziel ist es, dass in Übereinstimmung mit dem Sinn und Zweck des Unternehmens – sei es eine Schule, ein Projekt, ein Team, eine Firma – gelebt und gearbeitet werden kann.

7 Kooperation und Selbstorganisation ermöglichen

„Discipline is remembering what you want."
Margo Boster

Für sich selber Verantwortung zu übernehmen ist das eine. Das andere ist, Verantwortung in einer Gruppe und in einem Team zu übernehmen. Auch das ist ein Lernprozess und ein Entwicklungsprozess – des einzelnen und der ganzen Gruppe oder des Teams. Im Folgenden gebe ich Anregungen, wie eine Gruppe sich kooperativ und selbstorganisiert (in einem gegebenen Rahmen) entwickeln kann. Und die gute Nachricht ist: Es ist möglich!

Wann empfinde ich mich als Teil einer Gruppe und was kann ich der Gruppe geben? Ein Teil des Sinns meiner Arbeit besteht darin, Menschen zu inspirieren. Das ist für mich auch ein wichtiger Aspekt einer Gruppe, in der ich arbeiten kann und mich wohl fühle: Ich werde inspiriert und bekomme Energie von der Gruppe. Dies sage ich auch im Bewusstsein, dass ich selber ein introvertierter Mensch bin, der vor allem Energie aus dem Alleinsein bezieht. Gruppen sind für mich tendenziell anstrengend, und auch die Kontaktaufnahme mit anderen Menschen ist für mich eine Herausforderung.

In einer Gruppe will ich mich angenommen und wertgeschätzt fühlen. Ich fühle mich genährt durch die Inspiration und den Austausch. Auch als introvertierter Mensch fühle ich mich eingeladen, Erfahrungen und innere Zustände zu teilen. Ich fühle mich eigenständig und auch als Teil eines gemeinsamen Raumes, der eine Bedeutung hat und zu dessen Bedeutung ich beitragen kann. Gleichzeitig kann ich von den anderen Hilfe anfordern und ich bekomme Ratschläge und Ideen, ohne beurteilt zu werden. In einer solchen Gruppe teilen wir ähnliche Leidenschaften und Glaubenssysteme. Irgendwo sind wir auch auf der gleichen Wellenlänge. Ohne die anderen der Gruppe wäre ich nicht der gleiche Mensch.

Voraussetzung dafür ist, dass wir das gegenseitige Verständnis fördern und vertiefen. Uns gegenseitig befragen und auch hinterfragen. Sagen, was uns fehlt und über unsere Prozesse reflektieren. Dass wir sichtbare

Rückmeldungen bekommen, an denen wir wachsen können. Wir sind dabei immer selber dafür verantwortlich, was wir mit dem Feedback machen und wie wir wachsen wollen. Die Kultur einer solchen Gruppe ermöglicht es, reale Lernerfahrungen zu machen, und lädt zum Experimentieren ein. Das alles findet auf dem Boden von gegenseitigem Vertrauen und auf der Grundlage unserer Unterschiedlichkeit statt. Unsere Kommunikation ist wirkungsvoll und ermöglicht, dass sich jede und jeder selber führen kann.

Alte Muster, Trigger, Konditionierungen und Bewertungen können thematisiert und beschrieben werden und die Strukturen unserer Zusammenarbeit können angepasst werden. So wird das Selbst-Bewusstsein für Selbst-Bewertungen geschaffen und die Praxis der Freiheit in Übereinstimmung mit dem Entwicklungsstand gebracht.

Nichts wird längerfristig einfach mitgeschleppt oder einfach mitgemacht.

Der Gruppenprozess

Wenn wir in einer Gruppe zusammenkommen, gibt es einen Beginn. Wie beginnen wir? Wie stimmen wir uns ein auf die Gruppe? Gibt es eine Check-in-Runde, in der jede*r sagen kann, wie es steht? Wie treten wir aus der Gruppe aus? Gibt es einen Check-out? Eine Reflexion über den Gruppenprozess? Sind die Gefässe da, Gelungenes zu platzieren und Spannungen zu adressieren? Zum Einsteigen eignen sich die folgenden Fragen:

→ Auf welche Lernerfahrungen und Entwicklungen sind wir als Team stolz?
→ Auf welche Lernerfahrungen und Entwicklungen bin ich persönlich stolz?
→ Was ist das Entwicklungsspektrum der Gruppe?
→ Wie kann die Gruppe reifen?

Nach den Erfahrungen und Lernschritten kann die Gruppe auf folgende Fragen fokussieren:

→ Haben wir die Kraft des gemeinsamen Lernens bewusst wahrgenommen?
→ Haben wir den Wert der Freiheit des Entdeckens gewürdigt, indem wir unterschieden genug Raum gegeben haben?
→ Haben wir den Prozess des lebenslangen Lernens genährt?
→ Konnten wir sinnvolle Erfahrungen machen?
→ Wurden unsere Absichten genug deutlich, um die Verbundenheit zu stärken?

Drei Arten von Räumen mit Gruppen und Teams

In Anlehnung an den deutschen Philosophen Thomas Steininger können wir drei Gruppenräume unterscheiden. Es gibt den vor-individuellen Raum, wie wir ihn bei Stämmen erkennen. Dort sind die Individuen Teil einer Gruppe, gehen ganz in der Gruppe auf, die individuelle Befindlichkeit ist in der Gruppe aufgehoben. Dann gibt es den individuellen Raum, in dem wir Teil einer Gruppe sind und als ganzes Individuum anwesend sein können. Dort gibt es ein Ich und ein Du. Und dann gibt es einen transindividuellen Raum. In diesem transindividuellen Raum gibt es neben dem Ich und dem Du ein drittes Element. Dieses dritte Element nennen wir den Wir-Raum. Im transindividuellen Raum sind das Ich, das Du und der Wir-Raum anwesend. Es herrscht eine Transparenz zwischen dem Ich, dem Du und dem Wir-Raum. Jedes der drei Elemente ist sichtbar und spürbar. Jeder kann aus der Perspektive des Ich, des Du oder des Wir-Raumes sprechen.

Auch dafür kann das Individuum Verantwortung übernehmen und mit zunehmender Bewusstheit lernen, aus dem jeweiligen Raum heraus zu sprechen, ohne die anderen Räume zu ignorieren oder zu entwerten.

Energie

Energie ist spürbar. Sie kann steigen oder schlagartig abfallen, sie kann blockiert sein oder fliessen. Es ist hilfreich, sich als Person oder als Team klarzumachen, was Energie raubt und was Energie gibt; welchen Dingen Energie durch Fokussierung und Aufmerksamkeit gegeben werden soll und welchen nicht.

In meiner Arbeit stelle ich fest, dass der Umgang mit Energien noch ungewohnt ist. Gleichwohl haben die Menschen ein gutes Gespür für Energien und können Energiezustände gut benennen und auch skalieren. Ist einmal eine Liste mit Energiefressern und Energiegebern erstellt, kann man sich an die Arbeit machen und die Liste folgenden Fragen unterziehen:

→ Welche der gefundenen Energiefaktoren kann ich kontrollieren, beeinflussen oder weder kontrollieren noch beeinflussen?
→ Wo sehe ich Ansatzpunkte, mein oder unser Energiemanagement bewusster zu gestalten?

Gegenseitige Beschuldigungen sind ein gutes Beispiel für „Energieblocker". Der dänische Familientherapeut Jesper Juul pflegte zu sagen: „Schuld ist wie ein Schaukelstuhl. Sie hält dich in Bewegung und bringt dich nirgends hin." Damit ist auch gesagt, dass ich gestaltend mich Energien zuwenden, diese aber auch auf Distanz halten und den Aufmerksamkeitsfokus verändern kann.

Und wenn die Beschäftigung und die Energiegebundenheit bleibt? Dann lohnt es sich, genauer hinzuschauen, was es mit einem selber zu tun hat. Alles, was mich länger als vier Minuten beschäftigt, hat etwas mit mir persönlich zu tun.

Selbstorganisiert sein

Mit der Abstimmung auf einen organisationalen Sinn, geklärten Rollen und den skizzierten Prozessen ist Selbstorganisation gut möglich. Es bedingt authentische Teammitglieder und Chefs, die bereit sind, die Verantwortung für die Umsetzung des Sinns ihren Mitarbeitenden zu übergeben.

Motivation entsteht zusätzlich, wenn die zu bewältigende Aufgabe klar ist und es ein Interesse an Resultaten gibt.

Forschungsergebnisse, die aus einer Aufstellungsarbeit mit Studierenden resultierten, lassen aufhorchen. Da sich Selbstorganisation nicht im luftleeren Raum abspielt, wurden in der Erkundungsaufstellung[17] die Repräsentanten im Spannungsfeld von zwei Dimension aufgestellt:

→ innen: Freiraum vs. Verbindlichkeit
→ aussen: Stabilität vs. Wandel

Die verdeckte, kontextarme Aufstellung wurde dann dreimal, mit den folgenden Kontexten angereichert, durchgeführt: Wirtschaft, Schule und Gesellschaft. Die Auswertung mit den Studierenden ergab folgende Hypothesen:

→ Selbstorganisation schwächt die Position des Chefs.
→ Authentizität ist eine Bedrohung für den Chef.
→ Verantwortung wird in der Wirtschaft ausgeklammert.
→ Auch in einer selbstorganisierten Wirtschaft haben Chefs ein Kontrollbedürfnis.
→ Resultate werden in der Schule vernachlässigt.
→ Gute Resultate benötigen die Motivation aller Teammitglieder.
→ Eine selbstorganisierte Gesellschaft fällt auseinander.
→ In einer selbstorganisierten Gesellschaft wird Authentizität überhöht.
→ Selbstorganisation lässt sich nicht verhindern.

---

17 Die Aufstellung habe ich in Anlehnung an die Arbeiten von Prof. Dr. Müller-Christ (Universität Bremen) durchgeführt. Vgl. dazu Müller-Christ, G./ Pijetlovic, D. (2018): Komplexe Systeme lesen. SpringerGabler: Berlin.

8 Konflikte austragen

Die letzten 10.000 Jahre haben wir Konflikte kriegerisch, mit Waffen und mit Gewalt gelöst. Die heutigen Konflikte lassen sich nicht (mehr) mit Gewalt lösen.

Es braucht: intelligente Möglichkeiten und Ideen, mit diesen Konflikten umzugehen. Und: wir können es lernen, indem wir bewusst wissen, was wir in die Zukunft einbringen können, ohne unbewusst die Vergangenheit auszuagieren.

Konflikte in Teams

Mit der Überantwortung des Sinns an Teams und der Umsetzung des Sinns im Unterricht lassen sich Konflikte nicht mehr wegdelegieren. Sie treten an die Oberfläche. Die Frage ist also: Wie gehen wir mit auftauchenden Konflikten um? Wenn ich einen Konflikt ansprechen kann, bin ich schon einen ersten Schritt weiter. Aber was mache ich, wenn ich anstehe und nicht weiss, wie ich etwas, das mich belastet, ansprechen kann? Im alten Muster werde ich jammern und klagen, meinem Tratschzwang und meiner Klatschsucht nachgeben, und alles wird beim Alten bleiben.

Konflikte sind im Sinne des Wortes ein „Zusammenstossen" von unterschiedlichen Vorstellungen, Wünschen und Bedürfnissen. Ich verstehe Konflikte als etwas Existenzielles und auch als etwas Grundlegendes, weil Konflikte durch die Unterschiedlichkeit der Menschen entstehen. Die Frage ist, wie wir mit diesen Unterschiedlichkeiten umgehen. Ausformulierte Unterschiede sind in diesem Sinne bereits Konflikte. Wir können so Konflikte als etwas grundsätzlich „Gutes" ansehen (auch wenn sie unkontrolliert eskalieren und einen sehr belasten können), denn sie erlauben es, uns zu merken, dass etwas verändert werden will. Auch Organisationen oder Teams erlauben Konflikte, ihre Funktionalität zu verbessern und gebundene Energie freizusetzen. Für die Lösung eines Konflikts ist es hilfreich, sich seiner eigenen Vorurteile bewusst zu werden (und diese loszulassen),

Dinge nicht persönlich zu nehmen, dem Hintenrumreden zu widerstehen, direkte Rückmeldungen zu geben, zu verstehen, dass verletzte Menschen andere wieder verletzen und dass nicht jede und jeder seine individuellen Herausforderungen mit anderen teilt.

Es ist zudem hilfreich, andere zu fragen, was sie genau wollen, und auch eigene Angebote zu machen. Für einen Moment die eigene Sicht auszusetzen und aufrichtig zu sein, kann ebenfalls sehr hilfreich sein. Psychologische Sicherheit ist die Fähigkeit, mit dem Konflikt zu sein, nicht die Abwesenheit von Konflikt! Es ist Sicherheit und Herausforderung als Fähigkeit einer Gruppe, mit Komplexität umzugehen und aus den Konflikten zu lernen, die guten und die schlechten Qualitäten des Konflikts zuzulassen. Ein Konflikt hilft der Gruppe, sich selber besser zu verstehen. Was ist es für ein Konflikt? Tritt er wiederholt auf – als Muster? Ist er heiss und kann als Chance für Wachstum genutzt werden?

Gibt es eine Neugier, was die Intelligenz des Konfliktes ist (und wie er die Gruppe informieren kann, was da passiert)?

Konfliktlöseprozess

Konflikte werden offen und direkt angesprochen. Dazu gibt es einen oft ähnlich gelagerten Prozess für die Lösung von Konflikten:
→   Direktes Ansprechen und Klärung im Dialog
→   Einschaltung eines Vermittlers, dem beide vertrauen
→   Einschaltung eines Gremiums von betroffenen Kolleginnen und Kollegen
→   Oberste Führungskraft ergänzt das Gremium

Das Ziel ist jeweils eine Lösung, mit der alle Beteiligten leben können. Sowohl der Vermittler als auch das Gremium haben eine unterstützende

Funktion und keine Entscheidungsmacht, selbst wenn der jeweilige Chef anwesend ist.[18]

Situativ ist die Entwicklung des Konfliktlöseprozesses angesagt, die die beiden Teile, Entwicklung der Konfliktlösekompetenz und Entwicklung eines geordneten Weges, um Konflikte eskalieren zu lassen, beinhaltet. Folgende Grundsätze haben sich als hilfreich erwiesen:
→ Wir lösen Uneinigkeiten zu zweit und ziehen nicht andere Leute mit hinein.
→ Falls dies nicht möglich ist, steht die Person x für die Konfliktlösung zur Verfügung.

Im Umgang mit Konflikten ist Scheitern und Nicht-mehr-weiter-wissen erlaubt und erwünscht; direkte Rückmeldungen geben und einfordern, ist hilfreich, und Hilfe und Unterstützung zu holen, ist ebenfalls erwünscht. Das alles geschieht mit dem Ziel, dass ich zu meinem eigenen stehen kann, ohne abgewertet zu werden.

Es ist einfach ermutigend, Konflikte oder Schwierigkeiten anzusprechen, wenn ich weiss, dass es einen anderen Ort gibt, falls ich den Konflikt selber nicht lösen kann. Ich kann einen Konflikt eskalieren lassen, weil es so vorgesehen ist. Dies gilt nicht nur für konflikthafte Situationen, dass es eine gute Idee ist, definierte Gefässe zu haben, die Sicherheit geben. Es ist ganz allgemein wichtig zu wissen, dass es Orte und Personen gibt, wo ich mich mit meinen Unsicherheiten, Ängsten und Gedanken zeigen kann.

---

18 Es gibt zudem eine Reihe von speziellen Kommunikationsansätzen, die für den Arbeitsalltag sinnvoll und hilfreich sind, wie z. B. die Gewaltfreie Kommunikation, das Harvard Konzept, Kommunikationspsychologie nach Schulz von Thun, dialogische Modelle z.B. nach David Bohm u.a.

9 Ernten

Vorausschauend können nun die nächsten, sinnvollen Schritte angegangen werden. Die Stimmung ist entspannt. Es wird gelacht. Gleichzeitig ist die Atmosphäre konzentriert und lösungsorientiert. Irritationen werden eingebracht. Fragen gestellt. Lösungen erarbeitet. Stille gehört zum Prozess. Die produktive Energie ist spürbar.

Ein gemeinsamer Lernprozess entfaltet sich, und aus dem Nicht-Wissen heraus entsteht die Reise beim Gehen.

Zur Ernte gehört auch Klarheit über meine eigene Verantwortung. Welche Verantwortung ich übernehmen kann und welcher Verantwortung ich ausweiche. Dazu gehört auch die Klarheit, dass wir die Übernahme von Verantwortung nur gemeinsam schaffen, weil wir alle immer miteinander verbunden sind.

Epilog

Menschen kommen und Menschen gehen. Ich bin der Wal, der den Grund des Meeres gesehen hat. Dort herrscht Frieden. Ich habe mein Wissen wie Plankton eingesammelt und verdaut. Jetzt gebe ich es hier weiter. Ich danke der Welt, dass sie mir dieses Wissen gegeben hat. Jetzt kann es immer wieder weitergegeben werden.

Es beginnt zu regnen.

Dank an meine Inspirationsquellen

Diese sehr kurze Literaturliste ist ein Dankeschön an einige meiner Inspirationsquellen. Zudem haben mich viele Menschen persönlich weitergebracht. Ihnen allen, meinen Studierenden, meinem Freundeskreis, allen punktuellen Bekanntschaften und Begegnungen, und auch gerade den schwierigen unter ihnen, sage ich Danke.

Meine Studierenden fordern mich jeweils auf, von den umfangreichen Literaturlisten, die ich ihnen abgebe, eines für die einsame Insel auszuwählen. Ich schaffe es dann, die Liste auf drei zu reduzieren. Hier beschränke ich mich auf einige Bücher, die auf Deutsch greifbar sind.

In Anlehnung an den Schweizer Pädagogen, Schriftsteller und Politiker Heinrich Pestalozzi, der für ein Leben im Hinblick auf die ganzheitliche Bildung und Entfaltung des Menschen im Dienste der Liebe plädiert, liste ich hier Bücher, die meinen Kopf klarer, mein Herz offener und meine Handlungen kreativer gemacht haben:

→ Jesper Juul & Helle Jensen: Vom Gehorsam zur Verantwortung. Für eine neue Erziehungskultur. Weinheim, Basel: Beltz 2009 (orig. 2002).

→ Joseph Campbell: Der Heros in tausend Gestalten. Frankfurt am Main: Insel 2018 (orig. 1949).

→ Frederic Laloux: Reinventing Organizations. Ein Leitfaden zur Gestaltung sinnstiftender Formen der Zusammenarbeit. München, Vahlen 2015 (orig. 2014).

Und dieses Buch hat mich insgesamt menschlicher gemacht:

→ Debbie Ford: Schattenarbeit. Wachstum durch die Integration unserer dunklen Seite. München: Goldmann 2011 (orig. 1998)

Dr. Jean-Paul Munsch ist Coach, Schul- und Entwicklungsberater. Er arbeitete als Lehrer zehn Jahre mit Jugendlichen und war als Schulleiter acht Jahre an drei verschiedenen Schulen und auf verschiedenen Schulstufen tätig. Er hat einen Master in Secondary Education und ist seit 2014 als Dozent an der Pädagogischen Hochschule Fachhochschule Nordwestschweiz (PH FHNW) tätig, die ein führendes Kompetenzzentrum für Schulen, Lehrpersonen und Bildungsbehörden ist. Er studierte an der Universität Zürich und Amsterdam Philosophie und Geschichte. Das Studium schloss er 2003 mit dem Lizentiat und einer Arbeit über die Entwicklungsmöglichkeiten des Bildungssystems auf systemtheoretischer Perspektive ab. In seiner Promotion, die er 2009 abschloss, erarbeitete er auf der Grundlage des Aristotelischen Mussebegriffs ein eigenes Schul- und Organisationsentwicklungsmodell, das Sinnorientierung und Selbstorganisation fruchtbar macht. In seiner Beratungstätigkeit als Coach und Schulberater findet sein Modell Anwendung, so dass Menschen lernen, sich selber ernster zu nehmen und so zunehmend Verantwortung für ihr Denken, Handeln und Fühlen zu übernehmen.

Nach dem Studium der Philosophie hat er sich zum Coach, Supervisor, Organisationsberater und bei Jesper Juul und Helle Jensen zum Familientherapeuten ausbilden lassen. Zudem Aus- und Weiterbildungen in Dialogprozessbegleitung, Aufstellungsarbeit und in der Begleitung und Unterstützung von Transformationsprozessen.

An der Pädagogischen Hochschule der Fachhochschule Nordwestschweiz in Brugg / Windisch ist er Co-Leiter des MAS Integrative Beratung.

Diese Beratungsausbildung integriert verschiedene Beratungsansätze und Philosophien.

Er ist critical friend für Doktoranden an der Universität Zürich im Bereich Erziehungswissenschaften und Lehrsupervisor an der International Psychoanalytic University in Berlin und an der Nationalen Iwan-Franco-Universität in Lviv (Ukraine).

Er hat Artikel und Bücher zu den Themen Schul-, Team- und Organisationsentwicklung, Führung, sinnorientierte Organisationen und Selbstorganisation veröffentlicht und bloggt zu Beratungsthemen.

Dr. Jean-Paul Munsch ist seit 2016 Präsident des schweizerischen Berufsverbands für Coaching, Supervision und Organisationsberatung (bso).

Im Jahre 2019 hat er zusammen mit Christof Arn die Hochschule für agile Bildung (HafB) gegründet. Mit dieser Hochschule wird eine Lehrer*innenbildung lanciert, die stark praxisorientiert und theoretisch reflektiert ist, und in der die Studierenden selbstorganisiert lernen und dabei gecoacht werden.

Er kam 1968 in Zürich zur Welt und lebt mit seiner Frau Birgit Munsch-Klein ebendort.

Homepage:
munsch-coach.ch
mit Übungen zum Buch